日本語学を斬る

国広哲弥 著

研究社

はしがき

研究社から何か本を書いてみないかというお誘いがあったのは十数年前のことでした。大変有難いお話なので、喜んでお受けしました。どういった種類の本を期待しているというようなお話は何もなかったので、どうしたものかと考えていると、それとは別のもう一つの仕事も頼まれました。それはタイラーとエヴァンズ共著の『英語前置詞の意味論』の木村哲也氏による翻訳の監修の仕事でした。その本は二〇〇五年に発行されました。私の専門の意味論の本でしたので、十八ページに及ぶ「監訳者注」を付けました。それから十年たちました。その間に家人が認知症になり、私は介護に多くの時間を奪われることになりました。

いろいろと試行錯誤的な草稿を書いては書き直す年月が続きました。そうこうしているうちに私は八十五歳になり、執筆と寿命の競争のようになりました。一方では、長年にわたってあちこちに書いた拙論が世間ではあまり知られていないことが分かってきました。二〇一一年に発行された『図解日本の語彙』（三省堂）には当然載るはずの拙見が二つ欠けていました。「温度形容詞の体系」と金田一春彦氏の「第4種動詞」は「変化動詞」であるという拙見でした。ここで私は覚悟を決めました。多少おこがましくはありますが、私しか言っていないと思われる考えをとにかく集めてみようということです。そうして出来上がったのが本書です。

ちょうど時を同じくしてアメリカや日本で急に脳科学が発達してきました。その言語にかかわる部分は、私が長年疑問に思ってきたことを快刀乱麻を絶つがごとく解決してくれました。その一番大きいものはソシュール理論の否定です。

日本語学の定説をあまり尊重しないかに見える私の態度には、私の言語学徒としての生い立ちが関係していると思います。私は旧制最後の卒業生ですが、旧制山口高校に入学したとき、一般の研究者とは異なって、日本語と英語に同じ比重をおいて勉強していくという大方針を決めたのです。そのために、英語にも類例があるというような指摘をしているところがあります。両々あいまって理解が深まるのではないかと思います。

研究社の佐藤陽二さんには最初からいろいろとお世話になりました。随分時間が掛かりましてご心配をお掛けしたと思いますが、のろい執筆ぶりを匂わせるようなことは一切言われませんでした。本書の内容は研究社から出ている前の本の内容に反するところもありますが、その点も何もおっしゃっていません。若き友人霜崎實さん（慶應義塾大学教授）は初稿に綿密に目を通してくださり、全体の構成の改善にまでご配慮をいただきました。記して、心からのお礼を申し上げます。

脳科学には興味は持っていますが、何しろ素人ですから、思わぬ誤解をしているかもしれません。そこらは次の世代の人たちに期待したいと思います。

二〇一四年晩秋

国広　哲弥

目次

序章　言語観

はじめに

言語について何を論じるにしても、そもそも言語の本質が何であると考えているのかを最初に明らかにしておく必要があります。最近六十年ぐらいを考えてみても、アメリカ構造主義、変形文法、認知言語学と主流が変わってきました。日本語学に関しては、特に主義というほどのものはなく、昔からの方法に従っているのが大部分であり、今は仮に「伝統主義」と呼んでおきます。時枝誠記《もとき》の「言語過程説」というのもありましたが、これは広く実践されるというようなことはありませんでした。変形文法は英語に関してはさかんに試みられましたが、日本語に関しては見るべきものはありませんでした。残るソシュールの構造主義が一応定説ということになりましょうか。しかしこれはなかなか分かりにくい学説で、その考え方の本質は何であるかという議論ばかりが盛んであるような印象があります。ところが、最近私の頭の中では、考え方が急に進展してきまして、ソシュールとはむしろ正反対の方向に向いてきましたので、最初にソシュールの考え方と比較しながら説明しておきたいと思います。日本では今でもソシュールの説はもっとも優れていると信じている学者がいますので、よけいにこの問題は放置しておくわけにはいきません。

■ソシュールの構造主義

スイスの言語学者フェルディナン・ド・ソシュール(Ferdinand de Saussure)の『一般言語学講義』(*Cours de linguistique générale*)は一九五〇年に小林英夫訳の『言語学原論(改訂版)』が出されて、日本の学界に大きな影響を与え、一九七二年に新訳『一般言語学講義』が出されました。ソシュールの言語理論は一口に「構造主義」と呼ばれ、今でも信奉している人が跡を絶ちません。それで理論的な定説としてソシュールの構造主義を取り上げようと思います。ここで取り上げるということは、結論として否定するという含みを持っています。

ソシュール以前の言語学は言語の歴史的変化を明らかにすることを主流としていたのですが、ソシュールは歴史的変化の流れを追う前に各時代の全体像を明らかにするのが先決問題であると考えて研究しているうちに、単語に代表される言語単位は互いに対立することによってそれ自身の機能を発揮するのだという記号論的な考えに達し、音声にしろ単語にしろ「対立」なしには存在し得ないという性質を持っていることに気づいたわけです。それを「共時的研究」と呼びました。そしてある社会の人々は同一の記号体系を持っていることによって意思伝達を成立させているのであるから、その社会共通の体系を明らかにするのが言語学の仕事であるということを強調しました。その体系を「ラング」(langue)と呼び、個々人がいろいろな場面で個人的に使う言語は社会共通のものではないという理由で「パロル」(parole)と呼んで、言語研究の対象から外しました。そしてパロルと一緒に現実の使用場面も研究対象から外しました。つまりたらいの湯と一緒に洗っていた赤ん坊を放り出してしまったのです。ここにソシュール理論の失敗の原因がありました。言語というものが、人間が現実世界に生きていくための道具であることを忘れていたのです。

記号と場面

人間が現実世界で記号を使うとき、どういう意図をこめて使っているのかを知るためには、その記号が使われている場面を知る必要があります。その実例として、車の警笛の意味を考えてみましょう。警笛は物理的には全く同じでも、場面が異なれば、千差万別の意味を伝えます。

(1) 信号が青に変わった時:「早く発進せよ」

(2) 車が一台しか通れない狭い道で、双方向から車が来て、片方が車を片寄せて止まって警笛を鳴らした時:「どうぞお先に」

(3) 道を譲られた車が脇を通り過ぎながら鳴らした時:「ありがとう」

(4) それに対して譲ったほうが鳴らした時：「どういたしまして」

(5) 高速道路で、速度の下限が決められているときに、それ以下の速度で走っている時：「もっと速く走れ」あるいは「これから追い越すぞ」

(6) 先行車の後輪から煙が出ている時：「サイドブレーキが掛かったままですよ」

(7) 先行のトラックの荷物が路上に崩れ落ちた時（警笛は数回鳴らすのが普通でしょう）：「荷物が崩れ落ちましたよ」

このほかに様々な場合が考えられますが、その多くは社会常識から推定されるのが普通でしょう。この社会常識を欠いた人は「場の空気が読めない人」と言って疎外されます。

うなぎ文の扱い

具体的な場面での音声現象を「発話」（utterance）と言いますが、発話の意味解釈には場面情報が重要な役割を果たします。この問題を扱った研究は「ウナギ文問題」としていろいろと論じられてきました。その代表的なものとして奥津敬一郎（一九七八）があります。これは日本料理店で発せられた「ぼくはウナギです」は《ぼくが注文したい料理はウナギ料理です》という意味に解されるが、それはなぜか、というものです。この発話意味の成立には、日本料理店にお客としてはいった場面の意味が関わっています。場面が小学校の学芸会では《ぼくはウナギという魚です》という意味になります。奥津（一九七八：20）は料理店での発話の場合は「ダ（＝です）はいわば動詞の代用として、文の述部を成すのである」と言っています。しかしこれはソシュール的に実際の音声言語に強引に意味を背負わせた考え方で、とても納得できるものではありません。実際の場合には、「ぼく、ウナギ！」だけで、「だ」が用いられない場合もあるわけですが、ここまで来ると、奥津流の無理は利きません。場面情報を我々の言語行動から省くわけにはいかないのです。

このレストランの場面はSchank & Abelson（一九七七）の中でも扱われています。つまり社会のいろいろの場面では、そこで誰がどういう順序でどういう内容のことを発言するかが、社会的ルールとして決まっていて、その中の変項の部分はブランクにして残されているという形になっているというわけです。ウナギ文の場合は注文主と注文の料理の部分だけがブランクにして残されています。奥津の「代用表現」などというのは、苦し紛れの辻褄合わせであったのです。ソシュールに従っていると、そういうことになります。

■ソシュール説の問題点

ここで、ソシュール説の問題点をまとめておきます。

(1) 場面機能の無視

(2) 同音異義語の存在

単語は音声が異なること(＝対立すること)によって意味の異なりを示すということですから、同音異義語は存在することはあり得ないはずです。しかし、現実には同音異義語は存在していますし、そう混乱は起こっていません。それは異なった場面と結びついて用いられるからです。場面を無視したソシュール説では、そういう助けは考えられません。「ゆくカワの流れは絶えずして、しかも、もとの水にあらず」(方丈記)の「かわ」を「革」と取る読者はいないでしょう。流れるものは「河」に決まっているからです。ソシュールも同音異義のことは気にしていたのですが、ついにこの難問を解決することはできませんでした。この問題については丸山圭三郎(一九八三：212–213)をご覧ください。

(3) 言語記号成立の堂々めぐり

説明の例として、「やま・かわ・たに」を考えてみましょう。この三語は音声が互いに異なることによって三つの異なる意味を区別します。しかしこの三語が出来上がる前の段階では各語の異なる音声はまだなかったはずですから、その異なる意味は何によって区別したのか分からないし、区別の手立てもないということです。しかし実際にはこの三語は立派に存在しています。

ソシュールの言語記号の発生をめぐる説明は私にはまことに不可解ですが、ここではこれ以上立ち入らないことにします。あとで説明しますように、言語以前に意味というか、概念が脳中に生じるのであり、いずれソシュール説は否定せざるを得ないからです。

■言語の真の発生順——脳科学による支援

白状しますと、私自身この言語発生順の問題には長い間悩まされ続けていたのです。一定の音声に特定の意味を結びつけるという事を一体誰がいつどこで決めたのか、ということです。ところが、最近脳科学がアメリカ、日本で急速に発達し、言語発生のメカニズムもかなりはっきりしてきたことが分かりました。私はこの方面は素人ですから深いところまでは分かりませんが、七、八年前の頃から Goldberg（二〇〇五）、Ramachandran の三部作（一九九八、二〇〇三、二〇一一）によってかなりの詳細が分かり、日本では池谷裕二（二〇〇七、二〇〇九）で確信を深めました。このあとに示す脳の断面図とそれに付けられた説明に見られるように、言語機能の発生がどのようになされるかが具体的に分かってきました。

Ramachandran は、人間が外界の事物を視覚で捉えたとき、脳にどのような反応が生じるかを図１のような頭部の断面図を示して説明しています。

右のような脳科学の考え方が教えてくれることは、人間の外界認識は、言語なしに直接に行われているということです。ソシュールは言語なしには何も認識できないと主張しましたが、それは飛んでもない誤りであったということです。p. 7で、ソシュールの言う言語記号がどのようにして生じるのか不可解であると言いましたが、それは当然のことであったわけです。そこで脳科学の教えるところに従って、われわれが言語記号を作る手順を考えてみましょう。

ある時に森の中を歩いていたとします。いろいろな樹や草、生き物に出会います。その名前はもちろん知りません。しかし名前こそ知らないけれども、相互に異なっていることは分かります。ここでは言語の助けなしに物の区別が出来ているわけです。これだけのことでソシュールの学説は崩壊します。言語なしに事物の差異が認知されるのです。かりに大きい角を生やしたカブトムシを見つけたとします。これは貴重な発見ですから、のちのちのために、そこがどんな場所であ

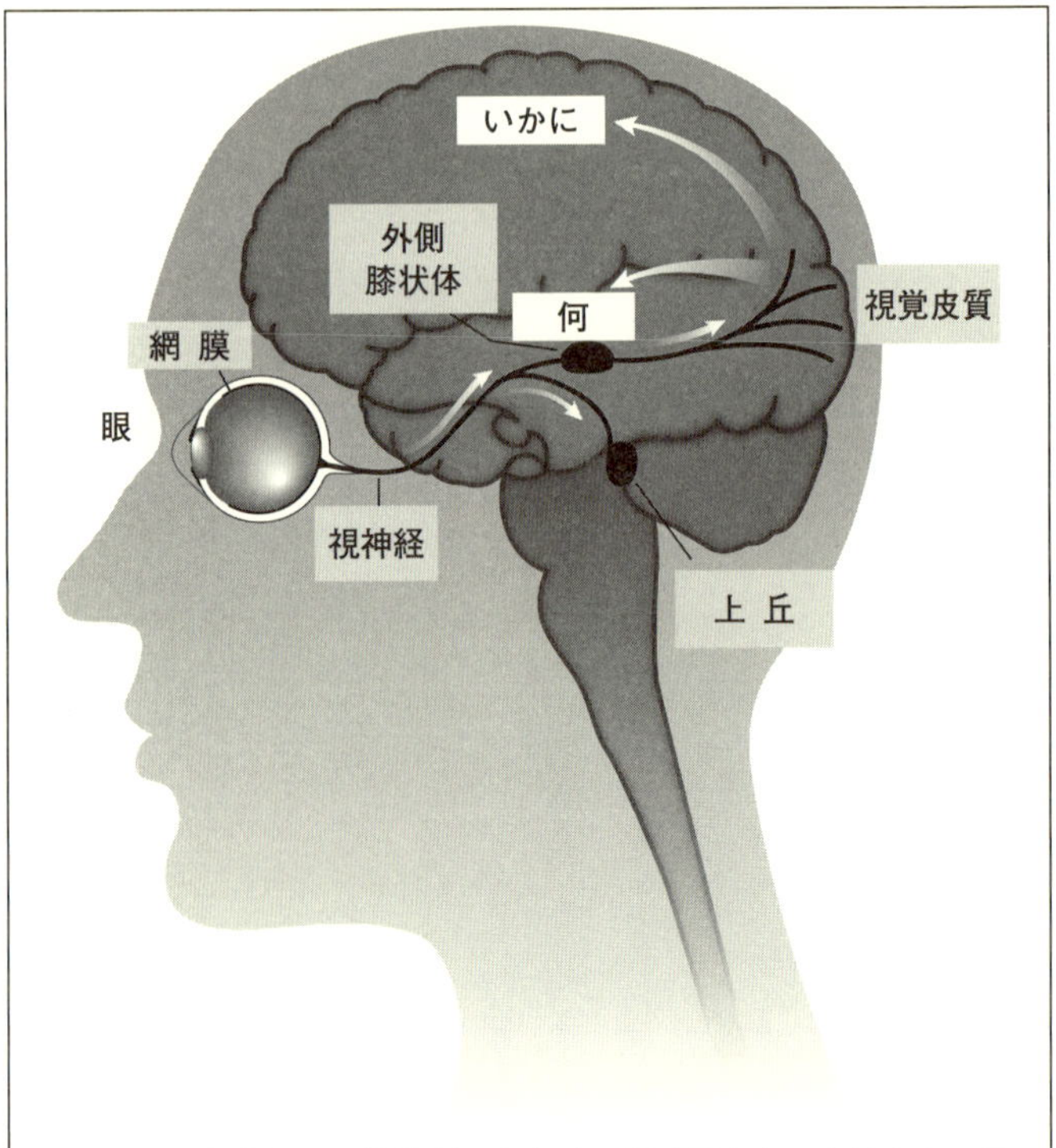

視覚路の解剖学的な組織体制。左半球の概略図を左から見たところ。

図 1　Ramachandran (1998: 112)

眼球から出た神経線維は二つの並行した「流れ」に分岐する。外側膝状体(ここでは見やすくするために表面に書かれているが、実際は側頭葉ではなく、視床の内側にある)に向かう新しい経路と、脳幹の上丘に向かう古い経路である。

「新しい」経路は外側膝状体から視覚皮質に入り、ふたたび分岐して二つの経路(白い矢印)をとる。一つは頭頂葉の「いかに」経路で、把握、方位、その他の空間的機能に関与する。もう一つは頭頂葉の「何」経路で、対象の認知に関与する。これら二つの視覚路の発見は米国立精神衛生研究所(NIMH)の Leslie Ungerleiider および Mortimer Mishkin による(この解説は、邦訳 1998 年版のものを邦訳 2011 年版により若干修正しています)。

るかを覚えておこうと周囲を見渡します。そしてそこが栗林であることを確認します。そこらに栗のいがころがっていることも確認します。以上のことはすでに示しました脳の断面図の「上丘」で判定されることなのです。つまり「場面」の同定です。次にカブトムシという虫についての認知内容は「視覚皮質」に送られ、それ以前の虫類の記憶と照合され、適当に区別認知されます。次の段階で、その虫の形と動き方に分け、動き方の内容はさらに「いかに」という脳の区域に送られます。こうして虫の名詞的特徴と動詞的特徴が区別されます。

こうして虫に類する過去の記憶とも照合された上で一応記憶されます。記憶脳では過去の似た記憶と混然と混じった状態のまま夜の睡眠状態に至ります。睡眠中に似た記憶は整理された上で、まとまった概念的な状態で記憶脳に回されます。その概念は必要に応じて音声と結びつけられ、語となるというわけです。いろいろな人が別箇にこういう作業をしますので、気をつけていないと、同音異義語が発生します。

■脳の意識層と無意識層（＝直観）

従来から、言語現象の分析に際しては直観に頼る傾向がありました。しかし同時に、直観は自分で理由もなく感じ取るものであって、あまり当てにならないという受け取り方をしていました。

最後の結論が理に適えば直観は正しかったのだと安心するという具合でした。しかし現在の考え方はそうではなく、大脳の働きを無意識の層と意識化された層に分けていて、この無意識層がすなわち直観に当たると考えています(池谷裕二、二〇〇九：78–79)。

無意識ですから、自分に都合のいいように曲げるということは考えられないわけです。本書のあとのほうで論じる助詞「が」の分析に際しては、直観が非常に重要な働きをしました。

脳の重要な働きとして、「連想」ということがあります。ある語句を目にしたとき、自分では特に意識しないのに、別の語が思い浮かぶことがあります。これは語句の意味や形が無意識の層の中で繋がっているためであると考えられています。これが「連想ゲーム」や詩歌・俳句で利用されるわけです。

言語の自然発生

以上、言語は人間の無意識の世界で脳によって作られるという最近の考えについて説明してきました。その特殊な場合として、条件が揃えば聾唖者の間で手話という名の言語が自然発生するという出来事があったことに触れておきます。

中米のニカラグアという国で一九七九年に革命が起こり、新政府は聾唖児の教育にも力を入れようとしました。しかしどうしていいか分からないまま、子供たちを一か所に集め、そこで集団生活をさせるだけで何年か放置していました。そして気がついてみると、聾唖児たちの間に自然に手話が発達していました。子供たちは各自の家庭にいたときは、その家族の間だけに通用する「家庭手話」(home sign)を発達させていたのですが、それが集団生活の中でだんだんと統一化されていったのです。これは子供たちの脳の中に言語を発生させる素地があったことを証明するものです。このことはEmmorey(二〇〇二:4–7)に詳しく報告されています。興味深いのは、この手話の統一化が自然言語の世界で「ピジン言語」が発生し、次に「クレオール化」(creolization)し、ついには周囲の文明語に吸収される過程と同じであることです。

手話の自然発生と言えばもう一つ例があります。ノーラ・E・グロース (一九八五) にその報告があります。ボストンのはるか南方の洋上にマーサズ・ヴィニヤード(Martha's Vineyard)という島があります。そこに移住してきたイギリスからの移民の中に、突然変異によって聴覚を失う劣性遺伝子を持った人がいたのですが、近親結婚が繰り返された結果、たくさんの聾唖児が生まれました。ここでも聾唖児は自分たちで手話を発生させたのです。聾唖児と話をするために、健聴者も手話を学び、島の人達みんなが手話を話す島になりました。もっともこれは昔の話で、一九八三年に英語の発音調査のためにこの島に行ったときには、手話は全然目に付きませんでした。

第一章　日本語音素体系

——ローマ字正書法を考える——

■日本語ローマ字正書法の問題点

最初に日本語のローマ字正書法を取り上げます。あとの章で「動詞の活用体系」を取り上げますが、仮名書きでは語形を分析的に示すことができず、どうしてもローマ字化することが必要です。その際、日本語の音声体系も明らかになり、一石二鳥というところです。

日本語のローマ字表記法について、いま大きな問題が持ち上がっています。それは、英語やフランス語などを外来語として取り入れるとき、従来は発音できなかった「ティ」、「トゥ」という発音ができるようになり、仮名でも表記できるようになったことです。たとえば「ティーパーティー」や「ディスコ」(discothéque)、「ティー・フォー・トゥー(Tea For Two)音楽教室」などです。ところが、いま流布している政府が決めた正書法である「訓令式」では、タ行は次のようになっていて、「チ」と「ティ」、「ツ」と「トゥ」を書き分けることができません。

(1)　ta　ti　tu　te　to　　tya　tyu　tyo

ただし、訓令式では、「国際的関係その他従来の慣例をにわかに改めがたい事情にある場合に限り、第2表に掲げたつづり方によってもさしつかえない」とあります。第2表のタ行・ダ行のところを見ますと、次のようになっています。

(2)　tsu　cha　chi　chu　cho
　　　di　du　dya　dyu　dyo

これを見ると、ことはますます複雑になって、わけが分からなくなるのではないでしょうか。整理し直すと、次のようになります。

(3)　チ　ティ　ツ　トゥ
　　chi　ti　tsu　tu

これは一応の問題の解決にはなりますが、同時に問題をさらに複雑化します。ほかの行は五音なのに、タ行だけ七音になるのか、というような疑問も生じるでしょう。こんなことをしていると一般の人たちが混乱してしまうのは当然のことでしょう。

現在の世界では、英語が事実上の国際語に近づきつつあるのは誰の眼にも明らかです。いっそのこと英語の表記法に一番近い「ヘボン式」を採用してはどうかという意見も当然出てきます。そういった意見へは、「日本は英米の植民地ではない。毅然として日本独自の表記法を持つべきである」という意見が出てくることが予想されます。それは至極当然なことです。

中国語のローマ字表記に当たる「ピンイン」では、同じローマ字が前後に来る音によって全く違う音を表わすという軽業をやっています。「筆(bi)」は「ビー」に近く、「死(si)」は「スー」に近い音を表わします。これは同じ母音(i)が(b)のあとでは(i)に、(s)のあとでは自然に「ウー」(=[ɣ]国際音声字母)に変わるというようなことではありませんので、中国語をひと通り勉強しなければピンインは読めません。これはローマ字母の数が圧倒的に少ないがためにやった苦肉の策で、やむを得ないことではありません。よそ様のご機嫌を第一に考える日本人と、自らの利便を優先する中国人の国民性の違いによるものであると言えましょう。

一方、日本語で「チ」を表わすchiはフランス語では「シ」を表わし、イタリア語では「キ」、ドイツ語では「ヒ」を表わします。

新しいつづり方

「チ・ティ」と「ツ・トゥ」をローマ字でどう区別するかは大問題ですが、実は簡単に解決してくれる起死回生の妙案があります。文部省がローマ字表記法をどうするかという協議に入った段階で、すでに提出されていたのです。でも、理由は分からないのですが、文部省は採用しませんでした。私はその妙案をここに再提案して、新しい世代に吟味をお願いしたいと思っています。

一九四五年八月一五日、日本は太平洋戦争に破れて、事実上、アメリカ軍に占領されました。

その主要機関である連合軍総司令部（General Headquarters）は、漢字が日本国民の民主化のさまたげになると考えて、その廃止を狙って、文字のローマ字化を求めました。それを受けて文部省は「ローマ字調査審議会つづり方部会」を招集し、その理論的基礎についての指導を、東京大学言語学科の服部四郎教授に依頼しました。服部教授は一九四九年三月から一九五〇年三月まで、十一回にわたって表記法の理論的基礎である音韻論の考え方と日本語の音韻体系の分析およびその表記法について話しました。

その全貌は服部四郎（一九五一a）としてまとめられ、その最後のページに次のように書かれています。

以上長々と論じたように、訓令式の ta, ti, tu, te, to; tya, tyu, tyo を

ta　ci　cu　te　to　　cya　cyu　cyo

と改めることにより最良の綴り方を獲ることができると私は信じる者であるが、委員諸賢においては、これに忌憚なき批判を加えられると共に、大所高所より公正な判断を下されんことを、わがローマ字文発達のために衷心より祈ってやまない次第である。

（文部省ローマ字調査審議会つづり方部会において、一九五〇年三月三日に行った演述の原稿より。一九四九年一二月稿／一九五〇年二月二〇日加筆）

服部四郎説に従って従来の訓令式五十音図を書き直すと、表1のようになります。この表は従来のタ行が新しいタ行とツァ行に分裂したことを意味しています。

a	i	u	e	o	ya	yu	yo	wa
ka	ki	ku	ke	ko	kya	kyu	kyo	
ga	gi	gu	ge	go	gya	gyu	gyo	
sa	si	su	se	so	sya	syu	syo	
za	zi	zu	ze	zo	zya	zyu	zyo	
ta			te	to				
	ci	cu			cya	cyu	cyo	
da			de	do				
sa	si	su	se	so	sya	syu	syo	
za	zi	zu	ze	zo	zya	zyu	zyo	
na	ni	nu	ne	no	nya	nyu	nyo	
ha	hi	hu	he	ho	hya	hyu	hyo	
ma	mi	mu	me	mo	mya	myu	myo	
ra	ri	ru	re	ro	rya	ryu	ryo	

表1　服部説に従った五十音図

大切なことは、ティとトゥ、テャ、テュ、テョの項が空欄になっていることです。さらに、ツァ、ツェ、ツォの項も空欄になっています。この空欄を「あきま」と呼びます。一般に音韻体系で「あきま」になっている所を埋める音声は発音しやすいと考えられています。

ここからも、/ti/ と /tu/ は割に容易に日本語の音声体系の中に入り込もうとしていることが理解されると思います。同じくツァ行の「あきま」を埋める /ca/、/ce/、/co/ に相当する発音 [tsa]、[tse]、[tso] は、非標準的な日本語の中に見られます。東京方言の「ふきッツァらし」hukiccarasi /hukiqcarasi/（吹きさらし）、大阪方言の「いっつぇんめし」iccenmesi /iqceNmesi/（一膳飯）、西日本など各地の「ごっツォーさん」goccoosan /goQcoRsaN/（ご馳走様）などがあります。最初に示しました「ティーパーティー」は tiipaatii /tiRpaRtiR/ となります。雀の学校は ciiciipappa /ciRciRpaQpa/ です。

長音の表記はご覧のように母音字を重ねていますが、これは美観や印刷上の都合でいろいろの方法があり、今後の問題です。なお、/　/で囲んだものは音素表記で、ローマ字表記とは異なります。

この服部案は私を含めてほんの一握りの人たちにしか採用されていませんが、音素/c/を一つ認めるだけで、標準語だけでなく、すべての非標準的な発音まで表記でき、すべての難問を解決する優れた方法であると思います。服部案に名前を付けるとすれば、ご本人は「新日本方式」を希望しておられたことを記しておきます。

■服部四郎の指摘

ここまでの内容をいったんまとめておきます。過去のある時期まではタ行は次のような発音だったでしょう。母音の部分は略式に表記しておきます。

(4)　[ta　ti　tu　te　to]

それがある時期から[ta tʃi tsu te to]に変化しました。この頭子音の変化を少なくとも「訓令式」を制定した政府の委員たちはあとの母音の影響によると考え、実際の音声[t tʃ ts]を同一の音声的要素、言語学的に言えば「音素」/t/が環境に同化した姿であると考えたものと推測されます。それでローマ字表記をta ti tu te toと定めたのだろうと推測されます。

しかし、服部四郎氏は「[t]は[i]のような狭母音が後続した場合必ず[tʃ]になるという音声学的な理由がない」という一般音声学的な考察に基づいて、環境同化説を採らないで、/c/という別の音素を認めたのです。[c]は音声記号としては破擦音を表わします。この問題は現在「ティ・トゥ」の出現によって証明されたと言えるでしょう。先見の明があったということです。

モーラ音素について

p. 20で/ca/、/ce/、/co/を含む実例を示したところで、一般の表記法に含まれていない記号である/N/、/Q/、/R/を当てました。その説明を付け加えておきます。

後者は「モーラ音素」と呼ばれる音を示す記号で、日本語独特の音素を表わします。「モーラ」は長さの単位を表わし、日本語の場合「仮名一字分の長さ」を表わします。モーラ音素はさらに、直前の母音に強さの切れ目なく繋がる音であるのが特徴です。

① /ɴ/ はねる音。「ん」:「本」hon　/hoɴ/
② /Q/ つまる音。「っ」:「カット」katto　/kaQto/
③ /ʀ/ 引き音。「ー」:「カード」kaado　/kaʀdo/

従来のローマ字表記法はあくまでも便法です。場合によっては混乱の元になることがあります。

(5)「本を読む」: hon o yomu

このローマ字表記を、外国人は「ホノヨム」と発音します。hon の末尾の音は /ɴ/ であるのに、[n] を代用しているからです。[ɴ] の発音は一つではありません。鼻母音になったり、後続の子音に同化して [m] [n] [ŋ] になったりします。/ɴ/ そのものは、前行母音に切れ目なく繋がり、一拍の長さで発音される鼻母音を表わしますが、実際の音色は後続音に強く同化します。

あとで取り上げる動詞の活用語尾を論じるとき、モーラ音素はまとまって同じ変化規則に従うことがあり、そのためにここで詳しく説明しました。

何をモーラ音素として認めるかということについては、学界の意見は必ずし

	ローマ字表記	音素表記	音声表記
「本箱」	honbako	/hoɴbako/	[hombako]
「本棚」	hondana	/hoɴdana/	[hondana]
「本科」	honka	/hoɴka/	[hoŋka]

表 2　/ɴ/ 音の変化

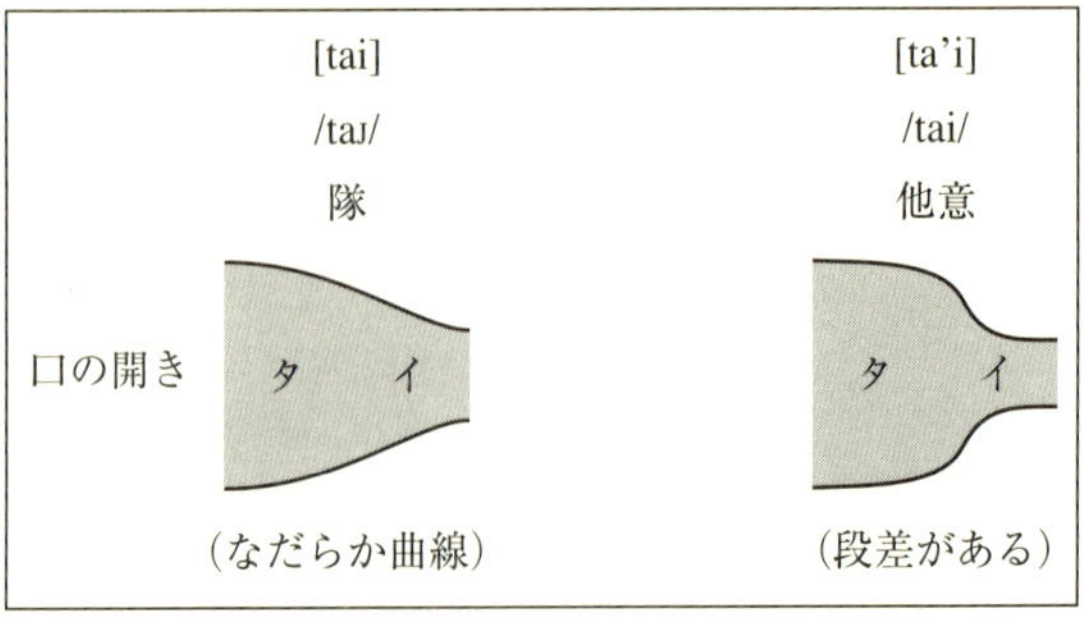

図2 「隊」と「他意」の発音の違い

も一致していません。右の説明では例に加えていませんでしたが、たとえば「隊」と「他意」の発音が異なる場合、次のように表記し分けることができます。

（6） [tai] [ta'i]

これは /taɹ/、/tai/ と表記し分けることもできます。前述の三つと合わせると、モーラ音素は全部で /N/、/Q/、/R/、/J/ の四つになります。

■「たんま」の語形変化

子供たちが遊びの途中で「ちょっと待って」という意味で発する「たんま」という言葉があります。これはモーラ音素がからんだものと考えると、形の変化を説明することができます。

「まった」/maQ-ta/ → */taQ-ma/ → /taN-ma/

「た」と「ま」を入れ替えると発音不可能な/-qm-/という音連続が生じますので、QをNに入れ替えた/-Nm-/が発生したものと思われます。動詞の語形変化については第一章で詳しく論じます。

第二章　動詞形態論

——動詞に活用体系は存在しない——

中学校で教え続けられてきたこと

中学校では昔から日本語の動詞には活用体系があると教えられてきました。私たちは日本語の文法について何も知らないままにそれを無批判に受け入れ、大多数の人は活用体系のことは何も意識することなく日本語を使ってきました。ほとんどの人は一生そのままなのではないでしょうか。のちに文法というものを意識的に見直し始めたごく少数の人で少し注意深い人なら、そこに不思議なことを発見して首をかしげます。

たいていの国語辞典は巻末に付録として「動詞の活用表」を収録しています。ここでは比較的にすっきりした形で示している『大辞林』（第三版）（三省堂）から一部省略して引用します。

私たちは、日本語の動詞は「語幹＋活用部分」という構成になっており、「語幹」は各活用形に共通の部分であると理解しています。ところが、表3では「居る・着る・似る」の三動詞は語幹の欄に「○」が記してあり、下の活用形の欄でも他の動詞と違って「頭には語幹が付く」という印が付けられていません。他の動詞は全部「―き」のように「語幹が付く」印があります。最近の中学校の文法の教科書には、「居る・着る・似る」のような場合、「語幹と活用語尾の区別がありません」と書いてあります。

このような常識外れなことがそのまま今日までまかり通っているのは実に不思議なことです。

種類	基本の形	語幹	未然形	連用形	終止形	連体形	仮定形	命令形
五段	書く	か	—か —こ	—き —い	—く	—く	—け	—け
	泳ぐ	およ	—が —ご	—ぎ —い	—ぐ	—ぐ	—げ	—げ
	消す	け	—さ —そ	—し	—す	—す	—せ	—せ
	打つ	う	—た —と	—ち —っ	—つ	—つ	—て	—て
	読む	よ	—ま —も	—み —ん	—む	—む	—め	—め
	思う	おも	—わ —お	—い —っ	—う	—う	—え	—え
上一段	居る	○	い	い	いる	いる	いれ	いろ（いよ）
	着る	○	き	き	きる	きる	きれ	きろ（きよ）
	似る	○	に	に	にる	にる	にれ	にろ（によ）
	起きる	お	—き	—き	—きる	—きる	—きれ	—きろ（きよ）
	落ちる	お	—ち	—ち	—ちる	—ちる	—ちれ	—ちろ（ちよ）
	染みる	し	—み	—み	—みる	—みる	—みれ	—みろ（みよ）

表 3　活用表（『大辞林』第三版、三省堂、一部略）

それにはいろいろな理由が考えられます。

（一）　日本人は活用のことなど何も知らなくても立派に日本語が話せる。こう言う私でさえも、昔、中学生のときに教科書をちらっと見ただけで、のちに市民講座で日本語教師養成講座を担当するようになり、念のために活用表を細かく見るまで、この矛盾に気がつきませんでした。

（二）　大学の国語学研究室では昔から現代語など学問研究の対象とするに値しないと考える風潮があって、活用表の矛盾など誰も気にしなかったのではないかと推測しています。

（三）　動詞活用表には語幹の欠如だけでなく、いろいろな疑問が含まれています。たとえば「書く」の未然形として「―か」が挙げてあります。これはあとに「ない」という否定が接続するとき「書かない」という形になることを指しているのですが、最近の活用表では「―こ」が併記されています。『大辞林』の活用表に付けられた説明（巻末付録：70）には「助動詞「う」に続く時には用いられる」とだけ書いてあります。これは「書こう」という活用形のときにのみ用いられるという意味なのですが、この形は「意向形」と呼ばれることもあるもので、意味からいうと「未然形」とは全く関係のないものです。「―こ」は「話し手の意向の表明・相手を勧誘するとき」

に用いられる新しい形なので、伝統的な活用体系には入れる余地がなく、やむを得ず「未然形」の中に押し込んだものと解されます。

(四)もう一つの理由は「日本語の動詞には活用体系がある」という古来の「信仰」を無批判に信じこんできた日本人の保守性にあると思われます。矛盾に気づき、改善したいと考えた良心的な研究者がいたかもしれませんが、手が付けられなかったというのが実情ではないでしょうか。手が付けられない状況を生じている理由は、日本人が「仮名の呪縛」に襲われているためであるとも考えられます。「日本語を構成する最小単位は仮名である」という信仰です。

仮名は「子音+母音」から成り立っていますが、これから論を展開する動詞の「語幹+語尾連鎖」の分析は、子音と母音の連鎖を切り離すことに基づいています。これは着想が仮名の呪縛とは無縁のアメリカの構造言語学者によるものであったためです。

音位転換

日本語の音声の最小単位が仮名でいいのかどうかをまず考えます。

一般に言い誤りの一種として音位転換(metathesis)があります。たとえば、山茶花の「さざんか」

という読みは、「さんざか」の音位転換形と考えていいでしょう。この例では仮名が丸ごと転換されています。

仮名より小さい音、つまり一個の子音、あるいは母音だけが転換する例もあります。私の子供が二歳半ぐらいのとき、次のような子音だけを取り替える言い誤りをしたことがあります。

「パンがゆ」 ⇩ 「パンやぐ」
/paNgayu/ ⇩ /paNyagu/
「かっぽうぎ」 ⇩ 「ぱっこうぎ」
/kaQpoRgi/ ⇩ /paQkoRgi/

「パンがゆ」の場合、/g/と/y/が入れ替わっています。幼児であるために、構成語がそれぞれ十分に確立していなかったことも、音位転換を促す要因となったのでしょう。

日本語音声の最小単位が音節であることを証明しようとしたのは前田正人(二〇〇三)ですが、右のように音節より小さい単位である音素を基準に考えなければなりません。

以下に論じる動詞語尾では、一個の音素がいろいろと形を変える例が出てきます。

ブロックの活用論

ここで天啓のように現れたのが、アメリカ構造言語学者バーナード・ブロック（Bernard Bloch）の動詞活用論です。それはミラー編（一九七五）という翻訳の形で私たちの前に現れました。ブロックは太平洋戦争中に政府の要請によって日本語の分析・記述にかかりました。

ブロックはそれまで日本語については何も知らなかったので、インフォーマントを用いました。そのおかげで日本における研究によって先入見を与えられることなく、さらには「仮名の呪縛」もなく、当時発達の頂点に達していたアメリカ構造言語学の手法をフルに活用できました。ブロックの最大の功績は、日本語動詞のすべてを母音語幹動詞と子音語幹動詞に二分したことです。母音語幹動詞は語幹の末尾が母音で終わるもの、子音語幹動詞は語幹の末尾が子音に終わるものを指します。次の例はブロックが示しているものです。

母音語幹：tabe（食べ）、oki（起き）、de（出）、ake（開け）、kari（借り）、ne（寝）
子音語幹：toor（通る）、kaes（返す）、tuk（突く）

ブロックがこの二分法をどのような分析の結果手に入れたのか、原論文には何の説明もありませんが、構造言語学的な手法によった必然の結果であったと推察できます。

	母音動詞	子音動詞	形容詞	普通体繋辞	丁寧体繋辞
直	-ru	-u	-i	S	-u
推	-yoo	-oo	-karoo; -[ru]mai[21], -umai[22]	-oo	-yoo
命	-ro / -o	-e	—	—	—
与	-reba	-eba	-kereba	S	—
不	-o	-i	-ku; -zu[21], -azu[22]	—	—
直・過	-ta	-ta, -da	-kaqta	-ta	-ta
推・過	-taroo	-taroo, -daroo	-kaqtaroo	-taroo	-taroo
条	-tara	-tara, -dara	-kaqtara	-tara	-tara[ba]
迸	-tari	-tari, -dari	-kaqtari	-tari	-tari
動	-te	-te, -de	-kute- / -kuqte	S	-te

21. 母音動詞の語幹と同音の語幹の後で。
22. 子音動詞の語幹と同音の語幹の後で。

表4　R・A・ミラー編『ブロック日本語論考』p. 24 より

ミラー編（一九七五：24）には動詞語幹に派生語尾が付く場合を、上のような表にして示してあります。ル形とタ形では付く語尾群が違うので、二つに分けてあります。

表の左端の機能名はわれわれの立場からは次のようになります。

直(接)　言い切り
推(量)　意向
命(令)　命令
与(件)　仮定
不(定詞)　中止

表4に示された一群の語尾から、二つの大きな現象が見えてきます。ブロックは構造言語学でいう異形態(allomorphs)一覧表を示したつもりで、それ以上には踏み込むつもりはなかったのだろう

と思いますが、まず上半分の「ル形」に付く語尾では、母音語幹動詞に付く語尾の頭子音が子音語幹動詞の場合には一貫して落ちています(不定詞の場合は例外)。それに対して、下半分の「タ形」の場合は子音語幹動詞の語幹末尾の子音がモーラ音素化しています。隠れていて見えないので、次に展開します。

「読む」→yom + ta ⇒ yonda
「切る」→kir + ta ⇒ kiQta
「問う」→tow + ta ⇒ torta
「書く」→kak + ta ⇒ kaɪta

ル形の場合は語尾の頭子音(r, y)が落ち、タ形の場合は逆に語幹の末尾子音がモーラ音素化して発音しやすくなっていて、いわゆる「音便形」を形成しています。いずれも、二つの形態素の境界部分に新しい変化が生じています。これは形態論を論じる立場からは見逃してはならないことです。

この現象に注目した岡田英俊(一九八七)は見事に規則化して示しています。それは、動詞語幹に続く接辞は基本的には「る」と「た」のどちらかですが、「る」の場合、母音か子音かに関して、「もし語幹末尾音と接辞の頭音が母音にしろ子音にしろ、同じならばあとのほうの音が落ちる」

未完了	ru:	mi-ru	kak-u	to-u （tow-u）
仮定	reba:	mi-reba	kak-eba	to-eba （tow-eba）
勧誘	yoo:	mi-yoo	kak-oo	to-oo （tow-oo）
命令	ro～e:	mi-ro	kak-e	to-e （tow-e）
中止	i:	mi-Ø	kak-i	to-i （tow-i）
使役	sase:	mi-sase	kak-ase	tow-ase
受身	rare:	mi-rare	kak-are	tow-are
否定	anai:	mi-nai	kak-anai	tow-anai

表5　接辞一覧

というものです。岡田論文に示された規則は次のように書かれています。

第一形態規則

［α syll］&［α syll］⇒［α syll］& Ø

αはプラスまたはマイナスを示し、プラスならば母音、マイナスならば子音であることを示しています。語幹に続く接辞の種類は論者によって多少出入りがあり、岡田説で入れられている sas と、いわゆる「ラ抜き形」で生じる語形は性質が少し違いますので、以下では省き、私の考える一組の接辞を用いて接辞の形の一覧表を表5に示してみます。

この形態規則には、ここまで触れる機会のなかった「音声規則」が含まれています。その規則を示すために「問う」を入れました。動詞「問う」は使役、受身、否定の三形では /w/ が残っていますが、それより上の四形では残っていません。それは「日本語では /w/ は /a/ の前にしか生じない」という音声規則があるためです。助詞の「を」は古くは [wo] を示したと考えられますが、今は地域方言以外では消えています。

完了を表わす「タ」形の場合には、もう一つの形態規則が働きます。

第二形態規則

M = /Q/, /N/, /R/, /J/

M = Q /t, r, w/;　N/m, n, b/;　R/Vowels/;　J/k, g/

タ形 /ta/ は母音語幹動詞にはそのまま付きますが、子音語幹動詞の場合には第二形態規則が働き、語末の子音はモーラ音素 /M/ に変わります。

従来の呼び方では次のようになっています。モーラ音素についてはp. 22を参照のこと。

以上に新しい動詞形態論の概要を説明してきましたが、ご覧のように、語幹のない空欄は姿を消し、「上一段」とか「五段」とかの活用の種類に注意をする必要もなくなりました。

子音・母音語幹説

岡田によると「子音・母音語幹説」には、さらに先駆的な考察があることが示唆されています。

なお、カナダの言語学者John Chewは、このブロックの論文集の原本を書評した中で（LANGUAGE, 1971, Vol. 47, Number 4）、p. 34以下で示した第一形態規則と同様の考え方がブロック以前にも存在したと明記しています。

この子音・母音語幹説を採ることによって、伝統的な活用体系説では疑問のままであったいろいろなことが明確に説明されます。列挙すると次のようになります。

（一）「終止形」の段で「る」が取り上げられているわけですが、文法的に「る」と明瞭な対をなす「た」が取り上げられていないという不均衡が解消しました。

（二）「居る・着る・見る」などで語幹がないという面妖な状態が解消されました。

（三）「五段活用・一段活用」などのいかにも体系的な区別名が消えました。これらは語幹の音形の違いに過ぎません。

（四）「食べよう」などの意向形がはいる余地がなかった不自由さが解決されました。同じ機能を持つ「行こう」と語尾の音形が異なることが原理的に説明されるようになりました。「行く」（ik）が子音語幹なのでその語末の子音が「よう」（yoo）の頭子音と衝突するためにyが省かれたわけです。

（五）「食べる」と「滑る」の語末はルを付けた段階では同じですが、タを付けると「食べた」

と「滑った」と形が変ります。このつまる音はどこから来るのですか、と聞かれた場合に答えられなければなりません。この場合語幹の形の違いとして説明することができます。「食べる」はtabeであるのに対して、「滑る」はsuberですから、語末の'r'が詰まる音に変わるのだと答えることができます。

■可能形とラ抜き形

かなり前のことですが、日本語辞典の五段活用の動詞の項の末尾に、「可能形」という活用形が示されていることに気づきました。たとえば、「書く」の項には「書ける」という形が示してありました。少し調べてみると、すべての辞書に示されているわけでもなく、またあるべき項にないこともあり、必ずしも一貫性はありませんでした。

疑問はほかにもありました。派生形を示すのであったなら、なぜほかの「書かせる」などの形は示さず、「書ける」だけを示すのでしょうか。さらに、普通の見出し語と同列に扱われず、なぜ項目の終わりのほうに付け足しのように示してあるのかという疑問もありました。

これらの疑問は、子音語幹動詞と母音語幹動詞に分ける考え方を知ってからすべて解けました。「可能形」というのは子音語幹動詞の「ラ抜き形」であったのです。このことは国広(二〇一〇:

227）でも触れています。

kak-rare-ru ⇒ kak-are-ru「書かれる」
kak-re-ru ⇒ kak-e-ru「書ける」（ラ抜き形）

【付記】脱稿後に清瀬義《ぎ》三郎《さぶろう》則府《のりくら》著『日本語文法体系新論』（ひつじ書房、二〇一三）を入手しました。この本でも動詞語幹を母語語幹と子音語幹に分ける考え方が採用され、語幹に助動詞が接尾するときの語形変化にも考察が及んでいます。ところが、われわれが示した動詞形態論と一致するのは、語幹を子音語幹と母音語幹に二分するところまでで、語幹に助動詞が接続するときの語形変化の記述の方向が我々と全く逆ですので、本文の記述に変更を加える必要はないことをここに明記しておきます。

清瀬説では「連結子音」「連結母音」という概念が立てられていますが、我々の説ではその必要はありません。語幹に助動詞が接続し子音連結あるいは母音連結が生じる場合には必ずあとのほうの音が削られるという第一形態規則を樹てているからです。かくして、モーラ音素がかかわる場合は別にして、日本語は「母音＋子音＋母音＋子音…」という整然とした音列を持つに至るわけです。

連結子音　kak-~~s~~aseru　mi-saseru
連結母音　kak-anai　mi-~~a~~nai

第三章　ル・タ・テイルについて

――動詞語尾論――

る と言えるでしょう。

■ 百家争鳴の中で

ル・タ・テイルは動詞表現の核心的な部分をなすもので、学界ではすでにおびただしい量の研究が提出されています。その意味の捉え方としては、次のようなものが定説として認められていると言えるでしょう。

ル　現在、未来、未完了
タ　過去、完了
テイル　現在進行、完了状態の継続

ただし、テイルの形は厳密にはテイで、ルがタと交代とすることを含ませています。ここでは簡便さを求めて、テイルで両方の場合を代表させて考えます。その一方で、これとは異なる考え方や細かな意味用法の区別や各語形が構成する体系の捉え方の違いなど、実にさまざまの異論があり、今なお諸説の批判・修正・新論がさかんに提出されていて、留まるところを知らない状況にあると言っていいでしょう。ここでさらに新研究を提出しても、いたずらに「屋上屋を架する」あるいは「屋下に屋を架する」ことは眼に見えていると思う人もいることでしょう。

百花繚乱《りょうらん》というよりは百家争鳴とでも言うべき状況を前にして迷いましたが、若い頃から考え続け、最近さらに新しい考え方に達した筆者としては、それを知った上であえて発表して世に問うことにいたします。

■国広説の変遷

ル・タ・テイルの意味について最初に私の考えを示したのは、国広(一九六七)でした。当時私は服部四郎の意義素論の影響下にあり、「意義素」の名の下に各助動詞の基本的機能を次のように記述しています。

(一) ル=ある事柄が確実であるという不定人称者の主観的判定を表わす。(確実形)
(二) タ=客観的にある事柄がある時点において実現した状態にあるという不定人称者の判定を表わす。(実現形)

上記については、二つの点で説明が必要です。まず「不定人称者」というのは、「主語の人称に制約がない」ということを指します。次に、「主観的」、「客観的」という表現が両者の区別に中心的な役割を果たしていますが、それは次のような場合に認められる意味的な相違を指すものです。たとえば、からだが疲労した場合、私の母方言である山口県方言では次のように言います。

(1) ああ、えら（＝えらい）！

ほかの方言に、「シンドイ」（関西地方）、「キッカ」（北九州地方）、「ゴシタイ」（長野県南部）などがあります。これらの形容詞現在形は私の直感によれば《話者の主観を直接に表わす》ものです。共通語ではこのような主観的表現形が欠けていて、代わりに「くたびれた・疲れた」を使います。山口県でも「くたびれた」というタ形は使います。このようなタ形は《自分のからだの状態を客観的に表現する》ときのものであることが主観的表現との対比によってはっきり分ります。私が東京の大学に入学するために山口県から上京してきたときにこの客観的表現法になじめなくて、「ツカレタ」を使う度に、心の中で「え？ 誰が？」と思わざるを得なかったことをよく憶えています。

余談ですが、あるときＮＨＫの有働由美子アナウンサーが運動選手にインタビューするときに、「しんどかったですか？」と聞いていました。有働アナの出身地は大阪府だそうですが、共通語を話すべきＮＨＫのアナウンサーが「しんどい」を使ったということは、意味的にシンドイに当たる形容詞が共通語にないこと、そしてその語が必要な語であることを示しているのだと言えるでしょう。

このように見てきますと、先に示したルとタの意味記述の核心は、次のようであると言えるでしょう。

（一）ル＝一人称者の判定を表わす。
（二）タ＝客観的な判定を表わす。

タの客観性

タの客観性を見るためには、p. 49以降で取り上げるルとテイルを比較するといいではないかと思います。テイルは客観的に確かめられることにしか使えません。これは、テイルのテはタの接続形であることから来るのではないかと考えられます。心理動詞の場合、第一人称主語ではル・テイルともに用いられますが、第二人称・第三人称（以下まとめて「他称」）ではテイルしか使えません。他称者の心理内容は話者には分らないからです。

(2) 私は神を信ジル。
(3) 私は神を信ジテイル。
(4) ＊彼は神を信ジル。
(5) 彼は神を信ジテイル。

（＊印はこの用法が不可能であることを指す）

ル・タ・テイルは現実の発話の中で用いられると発話基準（deixis）の原則によってテンスの意味を与えられ、タもテイルも時間的基準が過去であるという意味を与えられます。そうすると、過去の出来事は自他ともに客観性があるので、他称主語の場合にも使えるわけです。

■国広説の現在

まず、テンスとアスペクトの定義を示しておきます。

テンス　発話時を基準として「現在」と呼び、それ以前の「過去」、それ以後の「未来」を区別して示す働きのこと。つまり具体的な時間の中のどの部分における出来事であるかを示す枠組みのこと。

アスペクト　具体的な時間の流れの中の位置とは無関係に、ある出来事、状態が「完了している」か、「完了していない」かを示す働きのこと。

テンスの定義にある発話時（傍線部）は、言語表現の中で具体的な時点や場所を示す時の基準として用いられ、極めて重要な概念です。発話時と発話場所を基準として用いることを、欧文脈ではdeixisと呼びます。deixisは「ダイクシス」と読み、形容詞形はdeictic(ダイクティック)です。日本語訳では「直示(的)」ですが、字面では意味が分かりにくいので、代案として「発話基準」を提案し、本書では発話基準を用いることにします。

今のところ日本語学関係の事典類ではこの術語は取り上げられていないので、興味のある人は『新英語学辞典』(研究社)を参考にしてください。あとで取り上げるコ・ソ・アの用法でも発話基準が再び問題になります。

■ル・タ・テイルの基本的機能

従来説の多くが、先に触れたように、同一の形がテンスとアスペクトの両方をほぼ同じ資格で指すと考えています。ただ、テンスとアスペクトのどちらを意味するかを筋道立てて説明してくれる研究が見当たりません。同一形がテンスを指すか、アスペクトを指すかは、言語表現上の前後関係・文法構造・場面の状況・話者の心的視点の置き所などの違いによっておのおの総合的に決まるように考えられているようです。

そこで、説明の糸口にするために、次のように考えてみましょう。

ル・タ・テイルは基本的にはアスペクトのみを示す。テンスを示すように見える場合は、それに発話基準性が加えられた効果による。

発話基準性が加えられていることは、その時の発話の意味内容、発話場面の性質などによって聞き手が解釈を加えることによると考えるわけです。

(6) 七に五を掛けると三十五にナル。

たとえば、(6)を音声として聞いた場合に、その文意が成立するのに時間的制約があるとは考えられません。このナルはアスペクト的意味、つまり《未完了》の「いつでも成り立つ」ことを指していることになります(ル・タが具体的場面でどのような意味に解釈されるかは国広(一九六七:56–68)参照)。

(7) 痛い!

(7)は形容詞ですが、その発話の直前の知覚を表わしています。タは基本的には《完了》アスペクトを表わしますから、発話されることによって《発話時に完了している。つまり過去に起こった》ことを意味します。

(8)　さあ、買ッタ、買ッタ！

これは威勢のいい商店の呼びこみなどで使われます。タの《完了》義を利用して、買うことをせかせる効果を発揮する用法です。

■アスペクトを基本的として優先する理由

ル・タ・テイルのいずれの場合も同様ですが、実際の用法を見ると、前に付く動詞の意味・発話・場面的性質によって微妙な変化を見せるのはテンス的意味のほうで、アスペクト的意味のほうは一定であるということがあります。

さらに重要なことは、完了・未完了の二分法に基づいて説明できる意味現象が動詞以外にもいろいろ見られるという事実です。

■様態副詞と結果副詞

次の「帰国中」は状況により様態副詞としても結果副詞としても用いられます。

(9) 彼はアメリカから帰国中に病気になった。

様態副詞の場合は「帰国の途中で」「飛行機の中で」「空港内を移動中に」などの意味になります。それに対して、結果副詞の場合は、「日本に着いて日本滞在中に」という意味になります。

次の「丸く」は、様態副詞としても結果副詞としても用いられています。

(10) 紙をはさみで丸く切るのは難しい。

様態副詞の場合は、切るときのはさみの動かし方のことを指し、結果副詞の場合は出来上がった紙の形を指します。(10)の場合、はさみの動かし方は様態の場合も結果の場合も同じく継続動作を指し、「はさみで紐をキル」の場合のような瞬間動作を指さないので、この点にも注意しなければなりません。

余談ながら、動詞を意味的に分類する場合、このように個々の具体例を視野に入れておくことが大事です。新聞のコラムに次のような文章がありました。「耐えがたい」を「絶えがたい」と誤記していると指摘するために引用しました。

(11) がんの終末期の苦しさは絶えがたいものだということは、看病する側として十分覚悟はしていたつもりだった。(中略) 痛みに絶えられず本人の希望で、かねて知っていた聖隷ホスピス病院に入院した。

この引用文に対して、国広（一九九一：225）で次のような解説を加えました。

(12) この例では、同じ欄に同じ誤りが二度繰り返されている。

(12)を読んだ読者からこれは誤用だと投書が来たことがあります。単に「同じ誤りが繰り返されている」とすべきだ、「二度繰り返されている」だと、全部で四度使われていることになるはずだというわけです。

しかし、(12)の「二度」は結果副詞として用いられているので、このままでいいのです。投書者は「二度」に様態副詞の用法しかないと思い込んでいたのでしょう。

■名詞語義のアスペクト的多義

名詞の多義には、コト義とモノ義が一対になって含まれている場合があります。

(13) 千代子は料理が得意でした。（＝料理をするコト）

(14) 料理が冷めないうちに食べましょう。（＝料理されたモノ）

(15) 私は昔から作文が苦手でしてね。(＝文章を書くコト)
(16) この作文はあなたが書いたのですか。(＝書かれた文章というモノ)
(17) この規模の建物になりますと、建築に数年かかります。(＝建築するコト)
(18) これは日本最古の木造建築と言われています。(＝建築されたモノ)

このように見てくると、人間は物事を常に「完了」「未完了」という二分法的な観点から眺めていることがうかがわれます。それは認知的な行動であり、言語的な表現に基づくものではない点に注意しなければなりません。

次の英語の例では、discoverer(発見者)の発見が完了したものか、未完了のものかという二分法で扱われることがうかがわれます。

(19) Young *discoverers* need not despair . . . though there are few blanks left on today's map of the world, there are still unexplored realms to be charted in the depths of the oceans, the most remote recesses of the rain forests and the furthest reaches of the outer space. (*Time*, Jan. 1998) (これから発見を目指す若い人たちは絶望するには及ばない。今日の世界地図では未発見の場所はほとんど残されていないけど、深海部、降雨林の奥、宇宙の果てにはいまだに未開拓で、地図に示されていない領域が残されている。)

英和辞典でdiscovererを引くと「発見者」という訳語が掲載されています。この訳語は通常は「発見をした人」という意味ですが、引用文の中の用法では《未来の発見者》を指しています。これも完了・未完了多義の一種だと言えましょう。

■テイルの基本義

p. 44で述べたように、テイルはテイタともテイルとも変化します。この二つのうち、テイルのほうを仮に代表形として扱いました。この末尾の―ル、―タは単独形としてのル・タと同じものですから、ここで扱うのはテイだけということになります。

このテイは、文体や方言が異なると「テオ(ル)」などと形が変わります。「テイ」全体で単独の語形をなしているということです。この点をはっきりさせておかないと、分析に混乱が生じる恐れがあります。

テイは一方ではテア(ル)と対応します。テイについてはすでに国広(一九八七)で論じているので、細部の修正を加えた上で、簡略に要点を記すことにします。

国広説の大きな特徴は、テイのテの機能が用法によって三通りに変化するという仮説に基づいていることです。

この三つのうちどれが選ばれるかは、その時の主動詞の意味・文脈・場面・話者の心理状態などによると考えます。たとえば、ある本が話題になっているとき、(20)のように発話したとします。

(20) その本なら読んでいます。

これでは、テイの部分が、完了アスペクトとして《すでに読んでいます》を意味するのか、未完了アスペクトとして《いま読んでいるところです》を意味するのかが不明です。たぶん話し相手は「もう読んだの？ それともいま読んでいるところ？」と確認の問いを発するでしょう。

次に、(21)のように発話したとします。

(21) その本なら知っています。

この「知る」のような《知った状態にある》という意味で使われることが多い動詞の場合、アスペクト的には完了か未完了かはっきりしないということも起こり得るでしょう。津田智史(二〇一二)は、「はっきりしない」ことがあるという説明と事実上同じことを述べている国広説を捉えて、次のように言っています。

表6 テの機能

アスペクト	
完了 未完了 空	の状態がある時間帯にわたって認知される

これはテイルが過程・結果の両義的で、話し手の発話時の認知状態で意味が決定されるということであるが、テイルという一形式が異なる局面を表わす二つの意味を持つというのはいささか説明的ではないように思われる。［中略］より文法的な説明がなされるべきである。

(pp. 26–27)

もしかしたらこの問題を詳しく説明した国広（一九八七）を読まずに判断したのかもしれません。理解に浅薄なところが見えます。ここで視覚的な類例を用いて説明を加えておきましょう。認知心理学の入門書で、同じ図柄なのに、見方によって花瓶に、あるいは左右から向き合った一対の横顔に見えたりするという例が引かれることがあります。この場合、どちらに見えるかは、見る人の心的な態度に拠ります。それと同じ心理的現象が、テイルと完了・未完了の関係でも起こっているのではないかと思います。

そのように、完了・未完了の認知は人間にとって非常に根源的な現象であると私は考えています。すでに説明しましたように、副詞の様態・結果の区別、名詞のコト義とモノ義の区別のように広く見られるのはそのためであると言えるわけです。

(22)　それとこれとは違っているよ。

(22)のように「違う」状態を問題にする場合、同じ状態であったものがあるとき突然違ったようになったということは通常は考えられません。それでアスペクトの違いは考慮外であると言えるために「空」という場合を加えておきました。これは一方では「テ」の部分が切り離されて接続助詞として使われる場合にも平行して「完了・未完了・空」が認められるので、そのことに配慮したものです。

■接続助詞テの用法

次に示す三つの用法は、テイルのテと起源的には同じものだと思います。

(23) 石橋をたたいテ渡る。（完了）
(24) 鐘をたたいテ探しまわる。（未完了）
(25) 夏は暑くテ何もできない。（空）

(23)の表現は慣用句の一種ですが、堅牢なはずの石橋をさらに念を入れて「たたいて」みて、その堅牢さを確認したあとで渡るという処世態度を言い表わしたものです。タタク動作は完了しています。

(24)は嫁探しなどの場合、派手にあちこち探し回るという慣用句で、タタク動作は完了していません。同じ「タタイテ」が文脈次第で完了義にも未完両義にも使われるということを疑問の余地なく示しているものと思います。このテはテイルのテと全く同じものだと思います。

(25)の場合は動詞の代わりに「暑い」という形容詞に付いた場合で、動作ではないために完了も未完了も示しておらず、二つの分節を繋ぐ《接続》の役割しか果たしていません。テに「空」の場合がある証拠だと考えることができます。

	アスペクト	発話基準化
ル	未完了	現在・未来・無時間
タ	完了	過去・現在完了
テイ(ル)	(1)　完了	結果が現存する
	(2)　未完了	動きが継続中である
	(3)　空	現在の状態

表7　アスペクト表現

■形のまとめ

ここまで見てきたことを、表7にまとめます。対応する用例を提示します。

(26)　玄関の鍵は下駄箱の上にアル。(現在)
(27)　あさって出発シマス。(未来)
(28)　十を三で割っても割り切れナイ。(無時間)

(29)妻は先月他界シマシタ。（過去）
(30)「昼御飯食ベタ？」「食ベタよ」（現在完了）
(31)珍しく雪が積っテイルね。（結果現在）
(32)まだ、雨が降っテイルね。（現在継続中）
(33)この箱は設計図とは違っテイル。（現在の状態）

痕跡的表現

テイルの結果残存用法が「痕跡的表現」として用いられる場合として、次のような確立した比喩的表現があります。

(34)野原の向こうに高い山がそびえている。
(35)この道路はずっと先で右に折れている。
(36)駅前にはたいてい銀行が集まっている。

(34)(35)(36)の用法に共通していえるのは、現実には「そびえる、折れる、集まる」などの形や位置の変化が生じていないにもかかわらず、「あたかもそういう変化が起こったかのように表現されている」ということです。

用法上の方言差

テンス・アスペクトに関して、テイルの二用法のように方言によって語形の体系が異なることがあります。たとえば、山口方言の「シヨル(未完)」と「シチョル(完了)」が一例です。それとは別に、ある同一の場面で用いられる語形が方言によって異なる現象があるので、注意すべきです。たとえば、小学生の子供が朝うちを出るときに、母親が持ち物の確認をする場面があります。東京に生まれ育った筆者の妻は「ハンカチ持った?」とタ形を使いました。山口県育ちの私には、それが過去のことを聞いているように感じられました。私が山口県で子供であった頃は「ハンカチ持っちょる(持っている)?」のように言われたものです。

発見・想起などのタ

「タ」の特殊な用法として、いわゆる「発見・想起のタ」という現象があります。アスペクトには直接の関係はありませんが、この現象には関心が高い人が多いので、簡単に触れておきます。

(37)　あっ！　こんなところにアッタ！

(38)　あ、今日は僕の誕生日ダッタ！

これは「…アルことに今気づいタ」という意味の表現です。この意味構造には二つの動詞が含まれており、文が二重構造を持っていると考えれば説明できます。

(39)　［［　こんな所に　アル　］（のを）　発見し　タ　］

表面の「アッタ」のタは背後に隠れている「発見する」に結びついていると考えます。なぜなら、目の前に「ある」場合に「アッタ」とは言えないからです。表面に現れていない「発見する・思い出す」は、その時の状況からの推定するのです。「言語のアクロバット」のように感じる人がいるかもしれませんが、私たちの脳はこのくらいのことは瞬時に処理してしまうのではないでしょうか。

(40)　きのう泊った旅館の庭には松の木が生えてイタ。

これも同じように分析できます。翌朝になっても依然として生えて「いる」のに、なぜ「生えてイタ」と言うのかという問題です。これは「きのうは生えてイタけれども、今は生えていない」

ということではなく、「昨日泊まった旅館の庭に松の木が生えているのを見タのは今も覚えている」ということです。

英訳すると、次のようになるでしょう。

(41) I remember seeing some pine-trees planted in the yard of the inn where we stayed last night.

(40)のような表現を単一構造文と捉えて、タが《過去に実現したことを表わす》とする拙見を批判した人がかつていました。二重構造であることを見抜けなかったのでしょう。

■奥田・工藤説との比較

一般に評価の高い奥田靖雄・工藤真由美説と拙論との違いに簡単に触れておきましょう。以下に示すのは『月刊言語』二〇〇一年一二月号(福田嘉一郎「「タ」の研究史と問題点」)で示された表の流用です。

一つの大きな問題点は、私見では、アスペクトのみが本来備わっている機能であり、テンスはあとで具体的に用いられる段階で発話基準的に加えられる機能であるという点です。テンスとアスペクトは体系的には全く別物です。それを直接に比較することは意味をなさないことであるこ

テンス / アスペクト	非過去形	過去形
完成相	スル	シタ
継続相	シテイル	シテイタ

表8　テンスとアスペクト（福田嘉一郎 2001）

とになります。無理に比較すると、スルが完成相を表わすという、われわれからすると矛盾したことを指すことになります。

もう一つ、この体系からは、シテイルが《現在進行》と《結果の現在継続》の二大機能を持っていることも説明できません。

■アスペクト的観念の由来

ここまで、日本語動詞語尾の基本的機能は「アスペクト」であるという観点から議論を進めてきました。テイルでは「テ」という同一音声でアスペクトの違いが表わされることを考えますと、音形に基づいているとも言えなくなります。これは私の直感に基づく仮説ですが、森羅万象について、「物事が終わっているかいないか」というのは人間（および動物）の生命にとって非常に重要なことなので、五感を通じて確認することに大きな努力を払ってきたために、「言語以前」の観念として《完了・未完了》を区別することが習慣になってきたのではないかと考えます。

「言語以前の認知」ということを言い出すと、多くの人は目を剥いて驚き、

「そんなことが言えるのか」といぶかる人も多いのではないかと思います。この際はっきり言いますと、すべての言語は言語以前の認知概念から始まったものと考えられます。現在の脳科学ではまだそのことを科学的には証明できないでしょうが、仮説として私はそう考えています。

言語を持たない獣類や虫類を見ても、常に自分の親と他者、餌になる物、ならない物、同性か異性か、敵か味方かなどの「差異」に基づいて行動しています。つまり、動物であっても差異の認知に基づいて行動しているのです。

人間は、森羅万象について、差異を認めたものを間違いなく他の人間に伝えるために、それぞれを異なった音声と結びつけて、伝達の道具にしたのだというわけです。これは、ソシュールの言うような、抽象的な差異なのではありません。

ここで疑問を抱く人があるかもしれません。「異なった音声は、異なった意味を伝えるという機能に基づいて『異なっている』と認定されるのではないか。これでは順序が逆ではないのか」と。出来上がった言語を分析する場合にはたしかにそう言えます。しかし、この場合は、聴覚的に「異なる」と感じられる音をとりあえず結びつけておいて、あとで調整するという形で言語を作っていたであろうという推定に基づいて説明しています。原初は、グループごとに手当たり次第に音声を材料にしたので、現に見られるように、言語により、実にさまざまな音声が材料に使われているのだと考えられます。

一般に信号を伝える材料としては、音声のほかに「のろし」、「手旗信号」、「モールス信号」を初めとして多様なものがあります。

第四章　ソの社交的転用法

——指示詞の領域説から心的視点説へ——

■指示詞の定説

指示詞コ・ソ・アの用法についての定説としては、佐久間鼎説に端を発する空間的領域説が主流だと言っていいでしょう。一方、指示詞についての諸論文をまとめた便利な資料集（金水敏・田窪行則編、一九九二）がありますが、この資料集の二人の編者は聞き手の心理面に与える影響も十分に考慮に入れた堀口和吉説を高く評価しています。

私の立場として、普通ならアを使うところを、聞き手に対する「社交的配慮」からソを使ってしまうという実体験をしたことに基づいて、心理的な配慮も大切であることを、この章では論じたいと思います。

定説では、「話し手・聞き手・両者」の発言者基準にせよ、「近・中・遠」の距離説にせよ、一本の尺度を基準としています。しかし、ある表現上の制約から、基準は本当に一本でいいのかという疑問が起こります。それは、アとコが一対になって使われる慣用句がいろいろあるという事実です。

そう言った慣用句には、「アレコレ考えてみましたが」「アー言えばコー言う」「アッチコッチに聞いてみたが」「シャツをアベコベに着てるよ」などたくさんあります。常にアとコが一対で使われるところから、ソだけが異質なのではないかという視点が浮かび上がります。この事実に気づいていた人もおりますが、それ以上に分析が深められなかったようです。

■指示詞に対する主観的制約

堀口和吉（一九七八：77–78）は次のように述べています。

もっとも**ア・ソ**の使い分けについても、話し手が聞き手の存在を顧慮するという事実がある。たとえ自己に関わり強い遥かな存在の事物であっても、それがよりいっそう相手に関わり強いとする場合には、自己抑制して、その対象を自己に関わり弱いものとして、**ソ**と指示するのが普通である。そういう配慮も含めて話し手は**コ・ソ・ア**の領域を設定するのであるが、もしも、その設定が相手に理解され得ないようなひとりよがりのものであるならば、その場合は、相手にとまどいを与えたり不快感を与えたりすることになるから、避けなければならない、という事情はあるであろう。しかし、もちろんそれは、言語の法則としてではなく、社交の術としての問題である。

聞き手に対する社交的配慮

以下に示すのは、私自身が普通なら**ア**を使うところに**ソ**を「思わず」使ってしまった実例です。使ってしまったあとで、「はて、いま普通ではない**ソ**を使ってしまったが、なぜだろうか」と自問し、一瞬前の心理状態を思い出して記述する貴重な機会を与えられたわけです。

それはもう十年も前のことです。場所は私の郷里である山口県宇部市の鄙びた一角です。小学校の初めての同窓会を開くというので、その会場を探していたのですが、それらしき建物がなかなか見つかりません。そこへちょうど二人連れの若い女性が通りかかりました。対話の流れを(1)から(3)で、位置関係を図3で示します。

(1) 私「すみません。このへんに『やすらぎ会館』があるらしいんですが、ご存じないでしょうか」

(2) 女性(手を伸ばして指差しながら)「**アノ**緑色の看板のあるところを入ったらすぐです」

(3) 私(手で緑色の看板を指差しながら)「**ソノ**看板ですか」

私たち三人は看板のところから十五メートルぐらい離れたところにおり、三人が一箇所に固まっているという感じでしたから、女性が**アノ**を使ったのだから私も**アノ**を使えばよい状況でした。

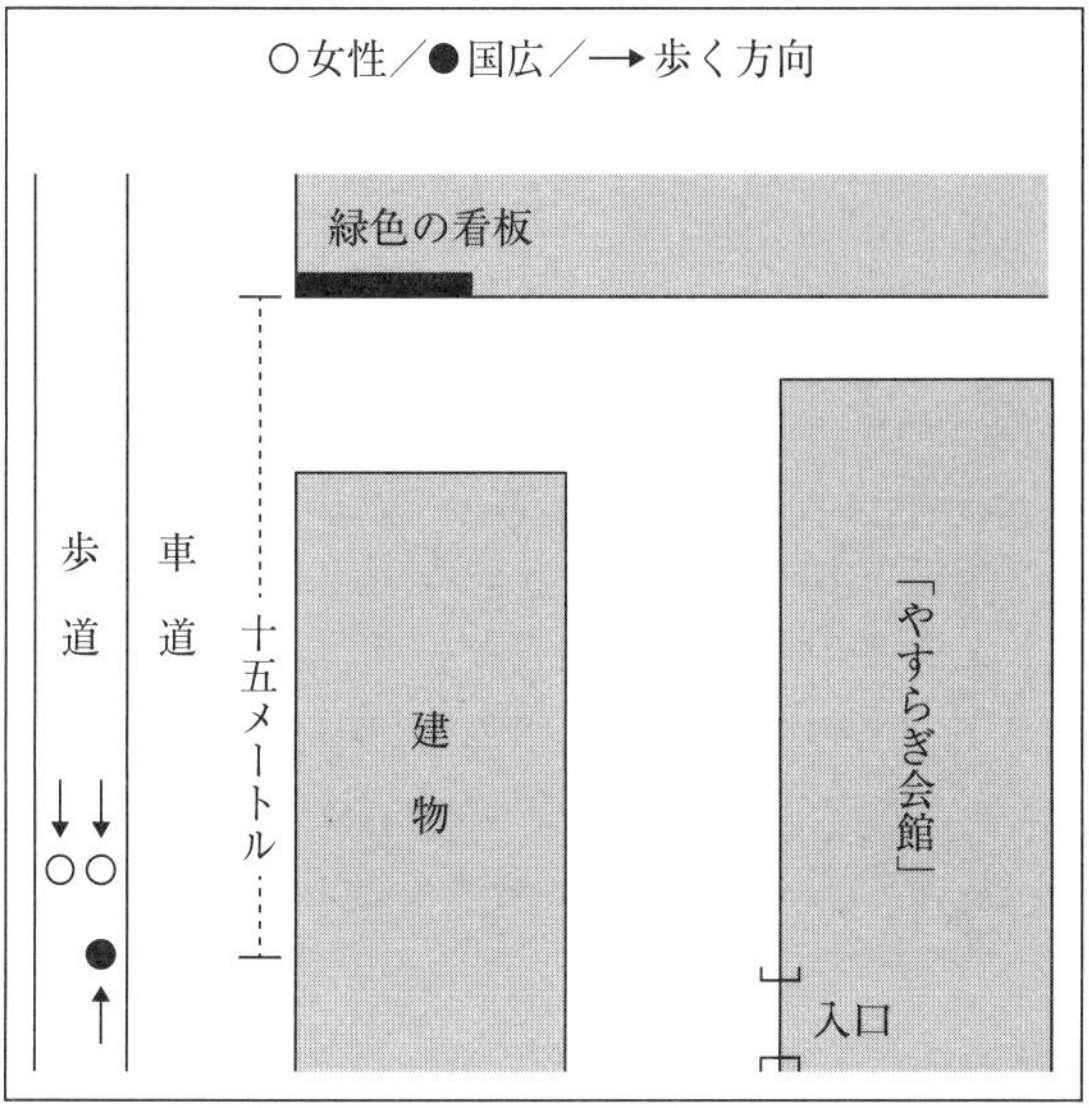

図3

しかし私は**ソノ**をとっさに使ってしまいました。このときの私の気持ちは、「あなたがご親切にも教えてくださった**アノ**看板ですか」といったことでした。**ソノ**を使うことによってそのような社交的な心遣いをしたことを表わしたつもりでした。

　このような対話がそれだけに終わっていたならば、あるいは私だけの個人的な反応であったかもしれない、という疑問が生じたままであったかもしれません。そのときまで私は**ソ**の社交的な機能については何も知っていなかったからです。

　ところが、同じ秋に、今度は相手が私に対してこの「社交的な**ソ**」を使う実例に出会ったのです。私は同じ出来事を裏表両面から見るという貴重な経験をし、「社交的な**ソ**」の存在は揺るぎなきものとなりました。この社交的な**ソ**の裏側に見られる心の動きは図示すれば図4のようになるでしょう。

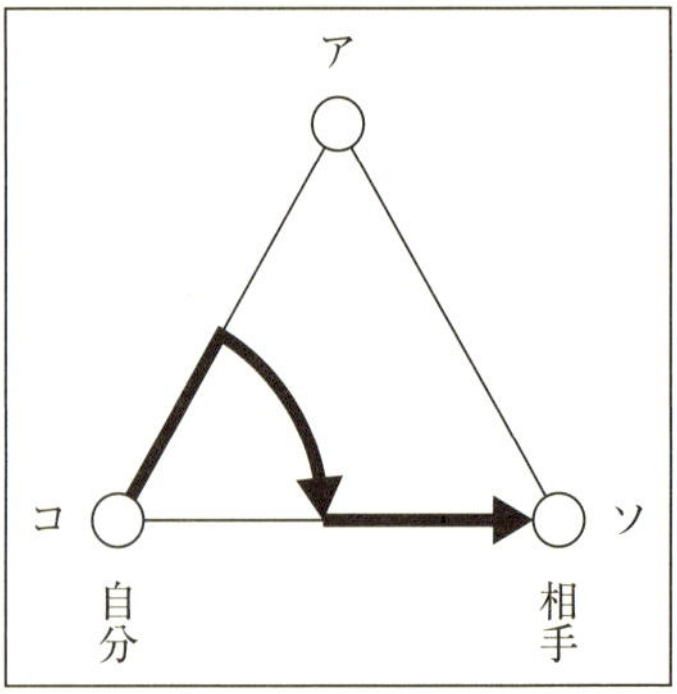

図4　社交的なソ

　図4の太線の折れた矢印は、その社交的な心の動きを表わしたものです。第二の社交的な**ソ**の実例は次のような状況で起こりました。

　川崎市麻生区地域は世界第二次大戦後最初に開発された東京周辺の高級住宅地であるということを聞き、どのような住宅地であろうかと興味を抱いて、ある晴れた秋の日に出かけてみました。帰りに小田急「新百合ヶ丘」駅を目指して歩いていて駅に出る道筋が分らなくなりました。もう近いはずだがと思いながらも、念のためにちょうど通りかかった中年の女性に聞いてみました。

(4)　私「すみません。駅へ出るにはどう行ったらいいでしょうか」

相手の女性は百メートルぐらい先の交通信号を指差しながら言いました。

（5）「**ソノ**信号を右に曲がってください」
（6）私「ああ、**アノ**信号ですか」

あとで地図で確かめると、私たちのいたところから信号までゆうに百メートルはありました。もし私一人で歩いていたなら、その信号を指すのに**ソノ**は絶対に使いません。それなのに、その女性は**ソノ**を使ってくれました。それは「アノ信号はちょっと遠いですけれど、お宅様にはきっとはっきりと見えているはずです。あまり遠くではありません」という労わりの気持ちが込められていたように思います。

■タクシーの道案内

アでもいいときに**ソ**を使って相手に対する気配りを感じさせる例として、タクシーに乗ったときの道案内の場面があります。しばらく走って左に曲がるべき角が近づいたとき、その距離は刻々と縮まっていきます。**アノ**でも**ソノ**でもいい距離がしばらく続きます。「ソノ角を左に曲がってください」と**ソノ**を使えば、乗客は運転手の身になって道案内をしているという感じを与えると私は考えます。

アノのほうが普通であると感じられる距離であればあるほどソノを使えば、道を間違えないように一所懸命になっている運転手の身になって案内をしているという印象を与えるのではないかと思われます。

このタクシーの道案内の例は、近藤安月子・姫野伴子編(二〇一二：15)ではソの「共同注意」用法と分析されており、次のように説明されています。

「そ」：話し手が占有を主張せず、聞き手がすぐに認識できる事物へと、聞き手の共同注意を促す。

この説明には「客の運転手に対する気配り」という社交的心理の動きが含まれていません。その点が問題となるでしょう。

■背中の「そこ、そこ」

自分の手が届かない背中のかゆいところを人に掻いてもらうとき、自分のからだの一部であるのに、「そこ、そこ」としか言えないという現実があり、研究者を悩ませてきました。阪田雪子は次のように領域説で説明を試みます。

(7) 自分の顔でも「そこ痛いんだよ」とソ系で指示しているのは、父親に顔を洗ってもらっているという現実の場で、話し手は自分の顔を他人にまかせきったという意味で、自分の領域内にはないものとして、ソ系を用いているのであると考えられる。(阪田雪子/金水敏・田窪行則編、一九九二:66)

背中の「そこ、そこ」は、自分にはできないことを他人にしてもらうことに対する感謝の念を表わすために、相手方に視点を移していることを示す用法だと思われます。自分の体なのに「ここ、ここ」と**コ**が使えないことには、もう一つ理由が考えられます。それは**コ**は話し手の知覚で捉えることができなければ使えないことです。私たちは自分の背中の一部が見えなくても、指先の触覚で捉えることができれば「ここ」と言うことができます。「そこ、そこ」は自分には知覚できないことも明示した言い方ということになります。

■指示詞の奥にある心的視点

従来の説の指示詞の基本的な機能は、空間領域を示す考え方を基本としています。それに対して、「心的視点」を設定して、それを話し手と聞き手のどちらに置くかを示すことを根本的な働きとする仮説を立てたいと考えています。人が注意を向ける心的視点の位置は、「話し手の近く」「聞き手の近く」「両者から遠い空間」といったように移動します。少なくともこのほうが社交的用法を自然なあり方として説明できます。

そういう心的視点を動かす用法は英語にもあります。英語の指示詞の用法を一瞥してみたいと思います。

p. 74で、自分の体なのに見えなければ「ここ」と言えないことに触れましたが、逆に見えなくても頭の中の記憶とか感情などは指示詞で指すことができます。

(8) これはまだ誰にも話していないんだけどね。

(9) それ、もうみんなに話した?

(10) あれ、どうなった?

英語の指示詞の心理的な基準

服部四郎の「コレ、ソレ、アレとthis, that」(服部四郎(一九六八:71–80)、金水敏・田窪行則編に再録、一九九二:47–53)を見ると、英語の指示語が心理的な面での違いを多く含んでいることが分ります。「たとえば息子に対して、This is a problem. と言えば、一緒になって心配してやることになるが、That's a problem. と言えば冷淡に突き放したことになる」（p. 53）とあります。

■英語における視点転換の例

次に示すのは、店員と顧客のやり取りにおいて、店員が自分の目の前の物を指すのに顧客の視点から捉えたように表現した例です。昔、サンフランシスコのフィッシャーマンズ・ウォーフ（Fisherman's Wharf）に Pier 39（三十九番波止場）という観光客向けの商店街があり、Tシャツに模様などを焼き付けて売る店がありました。店員は客の希望に応じて模様のシャツの上の位置を按配していました。位置が希望通りかどうかを聞くために、次のように発言しました。

⑾ How about *there?*（このへんでどうですか）

自分の手で押さえているところを指して there と言ったので、店員は視点を客の側に移し here ではなく there と言ったことになります。

次は GEECH という漫画から抜粋しました。

簡易レストランのマダムが試作した料理を馴染みのお客に味見をしてもらっているところです。

(©1982 Universal Press Syndicate)

「ほら、ウエルダン、お味はどう?」「これがチリと言えるかい?」「私が聞いているのよ」と展開しています。この二つめのせりふに注目してください。

(12) You call **THAT** chili? (これがチリ料理と言えるかい?)

「お味はどう?」と聞かれたウエルダンは自分の口の中の料理を指して **THAT** と言っています。これも相手の要望に応えているところですから、視点を相手方に移しているわけです。

次に示すのは、四十年ぐらい前に見たアメリカ映画の中の一齣です。

(13) Like **that**? (こんなふうでいい?)

小学生ぐらいの男の子が父親から車のワックス掛けを命じられて車のフェンダーを拭いているところに、父親が遠くを通りかかります。日本語では自分の手元を指すのには「こんなふう」がふさわしいのですが、英語では相手の要望に応えているところですから、**that** になっています。

日本人のための英文法の本などでこのことに触れたもののあったのを知りませんから、どの程度一般的なものか、これ以上のことは分りません。今後の研究課題です。

■領域説から心的視点説へ

日本語の指示詞の用法について、社交的な機能を発揮させるためにアの代わりにソを使う場面があることを論じてきました。視点の移動というのは心理的な現象ですから、ここで定説の領域指示という空間的な分析から、心的焦点を話し手、聞き手のどちらか、あるいは両方に置くという心理的な分析に移してみてはどうだろうかと考えるようになりました。その補強として、英語で日本語以上の心的視点の移動現象が見られることに触れました。日本語の従来からの定説であった領域説は心的視点から派生して出て来る現象面を捉えたものと考えられないだろうかと考えるようになりました。

まだ仮説の段階です。若い研究者のご協力を得られるとありがたく思います。

第五章　ハとガについて（1）

——日本語に格助詞は存在しない——

■「主格助詞」という考え方

日本文法の中でおそらく最もよく論じられてきたものは、ハとガの意味・用法の比較だと思います。そのすべてに触れるのはとうてい不可能ですし、研究そのものに触れる時間も能力もありませんので、その内の定説らしく思われる少数の論に限って、それらと拙論との違いに力を入れて説明を試みます。その際に、考察の背景にある言語観とか、研究方法そのものの違う点には力を入れるやり方を取りたいと思います。

まず、ガの呼び方の問題があります。「主格助詞のガ」という言い方があります。これは最初からガが主格を表わすと決めつける呼び方ですが、果たして本当にガが主格を表わすと言い切っていいのでしょうか。もしそうなら、「水ガ飲みたい」と言う場合も「水ガ」は主格でしょうか。

ガが主格助詞ならば、ガを抜いてしまうと主格という文法関係は表現されていないことになりますが、そんなことはないでしょう。「ぼく、今日は失礼します」のようにガなしに主格を表わすことは十分に可能です。これをどう説明するかという問題も出てきます。あとで出てきますが、ガなしに主格を指す場合はいくらでもあるのです。

私たちは「主格助詞のガ」という決まったものがあるわけではないというところから出発しなければなりません。

■「格」とは何か

最初に「格」とは何か、それも日本語における「格」とはどういうものであるかを明らかにしておかなければなりません。たとえば会議の冒頭などで、「それでは私から始めます」とカラを使いますが、これも主格表現でしょうか。深入りはしませんが、この例が示しているのは、カラは最初の発言者を示しているのであって、格は別の方面から示されているのだと言えます。つまり、この文では「私」という「話す能力を持った生物」と「始めます」という《動作を開始する》という意味の語との「相関関係」から生じるものと考えてよいと思います。

「私カラ」という表現は《私を最初の発言者として》という意味と、《私という動作主》という二重の意味を表わしているということです。格関係は文中の主要語間の語相互の意味関係に基づいて決まるものということです。その関係を表わすものは、語順・語形・小辞・音調など言語によりいろいろであるということです。

基本は語と語の意味関係であるということです。この意味関係の把握は言語以前に脳において行われるというのが、最近の脳科学の考え方です。

(1) 彼女はピアノガ上手です。

このガは、「上手です」という判定が何についてなされているかを意味しているわけですが、その格にどういう名前を付けるかはそのあとの問題です。補格というのが一つの考え方でしょう。ガ自体にどんな機能があるかはあとで考えることにします。

ゼロ助詞用法

親密態におけるゼロ助詞

助詞を使わずに済ますことがあります。これを仮に「ゼロ助詞用法」と呼ぶことにしましょう。そのうちの二つの場合について述べます。

(2)　(新聞を読み終わって)この新聞、読む?

家族や親友などの親しい人と話す場合などは、ゼロ助詞にするのが普通です。あえてハやヲを使うと特別な意味が加わります。「この新聞ハ読んだ?」と聞くと、その前の段階で「近頃の新聞は詰まらなくてあまり読まない」という発言があったので、「この新聞ならば」という念を押した意味が加わります。この現象を見ると「この新聞読む?」と助詞なしに尋ねても「目的語+動詞」の格関係は保たれていることになり、ハは格関係を指しているのではないことが分かります。

次の例は、退出のときの挨拶です。その事務室では必要があれば残業をしてよいことになっています。ただし、残業手当は出ず、代わりに、近所のうなぎ屋からウナ重をご馳走してもらえることになっています。あるとき手違いで、ウナ重が一つ足りないために、誰か一人先に帰らなければならなくなりました。この時、退出者は挨拶としてどう言うかという問題です。

(3)
(a) 私ハお先に失礼します。(含み：みなさんどのようなご都合か分かりませんので、私が義侠心を発揮して)
(b) 私ガお先に失礼します。(含み：誰か一人が先に帰らないといけないわけですが、誰もお帰りにならないので)
(c) (ゼロ助詞)私、お先に失礼します。

ここでもゼロ助詞によっても格関係の表示力は保たれています。これは助詞以外の語句の意味関係によって生じているためであると説明できます。

■ハ・ガ分析の助けとなる諸用法

以下に列挙する使用例は、ガの前に示される語句が話者の関心の中心にあることを示す点で一致しており、文法的な主語であるということとは無関係であるものです。関心の中心であるということは、知覚の対象でもあるということで、あとに続くガの意義素分析に深い関係があると考えられます。

(4) カキは冬ガ美味しい。

この「冬が」は英語に直せば Oysters taste best *in winter*. となり、補語格で「冬季に」という意味であり、ガは《制約》を意味し、美味しい季節を冬に副詞的に限定しているわけです。

(5) あのチャップリンガ大往生(新聞の見出し)

大野晋(一九七八)はハとガについて《既知》と《未知》の二分法の立場から分析しています。このチャップリン文もそこから借用したものです。

この文は「既知のものをガで未知扱いすることによって驚異を表わす表現なのである」(p. 41)と分析していますが、少し強引な説明だと思います。「あの」が示すように、(5)ではチャップリンは既知の人物として扱われていますが、ここで未知扱いされているのは「あのチャップリン」と「大往生」との結びつきそのものが《未知》の情報として報じられているのだと解すれば矛盾はなくなります。ガ自体が「大往生」を《新情報》として伝えているものと解すればよろしいわけです。

■「私が印象的だったのは…」

これは過去のある出来事が「私」にとって非常に印象的であったことを語る一種の表現型です。

(6) 立花：僕が何よりも印象的だったのは、鳩山が辞任表明する前日の六月一日、鳩山と小沢、参院議員会長輿石東《こしいしあずま》の三者会議が終わったあとの小沢の表情でした。(『文藝春秋』二〇一〇年八月号)

(7) とくに私が印象に残っているのは、ホームビデオ開発での松下さんの決断力だ。(大前研一『やりたいことは全部やれ！』)

(8) 私がいまでも記憶に残っているのは、北島三郎をメインゲストに迎えたときの名調子である。(佐野真一「テレビ幻魔館」(20)、『ちくま』二〇一〇年四月号)

(9)　私が興味深いのは、では、政教一致の日本の政党の〝教祖〟様が亡くなったとき、日本の首相は葬儀に参列するのだろうか、ということだった。（高尾慶子『やっぱりイギリス人はおかしい』）

以上、(6)から(9)に及ぶ用例では、筆者が後続する認知内容に特別に強い印象を与えられたことを示しています。この「僕が」などは《僕にとって》と、強い印象を与える対象を狭く限定する働きをしているのだと説明することができます。これは見方を変えると、現象が知覚の源であると捉えられていることを示しています（cf. 池上嘉彦「〈主観的把握〉とは何か――日本語話者における〈好まれる言い回し〉」、『言語』、二〇〇六年五月号、pp. 20–27）。

堀川智也は東京大学言語学科に提出した修士論文「日本語格助詞の意義素試論」（一九八八）の中で、ガについて次のように述べています。

(10)　〈与えられた題目の中で〉〈話者の意識がもっとも強く引き付けられている主体を〉〈卓立させて示す〉

これは本書で示している方向に非常に近いものであると言えるでしょう。簡単に言えばこれは、〈話者の注意の焦点にあるものを指す〉とも言えるもので、この方向でさらに考察を進められることを期待します。

叱責のガ

ここで取り上げるガは、叱責するときなどに使うガです。「だから言っただろうガ！」のように、話し手が相手に注意するようにと事前に助言したにもかかわらず、十分に注意せず同じ失敗を二度繰り返したときなどに叱る言葉の末尾に用いられます。

この問題を考察した杉浦滋子（二〇〇六）は、このガを、普通の名詞のあとに付く助詞ではなく、「終助詞」であることを論証しようとしています。それに対して私は、格助詞・接続助詞・終助詞などの違いは表面的なものであり、助詞の語義そのものを明らかにしようとする場合には、図5のように文法的特徴と語義的特徴を分けて考える必要があると考えます。

たとえば、助詞トは以下に示す(11)では《同じ資格の一対の物を結びつける》という語義的特徴に、《並立助詞》という文法的特徴を合わせ持っています。(12)では語義的特徴は同じですが、文法的特徴は異なっていて、いわゆる《目的格》のような機能を持っています。この文法的特徴はその文脈から与えられるものです。

助詞の意味	文法的特徴
	語義的特徴

図５

(11) パントバター《同じ資格の協同者》

(12) 友達ト会いに行った。

なお、(12)では「会う」という出来事を成立させるために必要な二人の協同者がいることを含んでいます。

(13) おせんニキャラメル、牛乳ニサイダー。（昔の劇場内の物売りの口上）

(14) 矢を的ニ当てる。

(13)と(14)では、助詞「ニ」の語義的特徴は《密着の対象を示す》という意義素であり、文法的特徴は(13)では《接続詞》であり、(14)では《目的語》ということになります。助詞「に」の意味については国広（一九六七あるいは二〇〇五）を参照してください。

以上のような考え方を採用すると、杉浦滋子（二〇〇六）が唱えた接続詞と逆説接続詞としてのガも意味的には同じで同じく過去の出来事を指すけれども、文法的には現れる位置によっていわゆる格助詞と終助詞とに分かれるということになります。そうすると、「叱責のガ」は「私が前に言ったように」と過去の同様な発言内容を指すことになり、一般的に、「叱責のガ」は《過去の出来事が前提になっている》という分析が可能になると思われます。

類似の発言に次のものがあります。

(15) 言わんこっちゃないだろうガ。
(16) そうしちゃあ駄目だろうガ。

(16)には「前にも同じ失敗をしたことを思い出せ」という含みがあります。

■ガの知覚用法

私たちは何らかの知覚に初めて気づいたとき、知覚対象にガを付けて報告します。

(17) あ、ウグイス　ガ　鳴いている。［聴覚］（空間場面）
(18) あ、何か焦げ臭い匂いガする。［嗅覚］（空間場面）
(19) あ。虹ガ出てる。［視覚］（空間場面）
(20) 胃ガむかつく。［痛覚］
(21) （長く座っていて）　あ、脚ガしびれた。［痛覚］

どの例も、ある空間内での知覚を描写したものです。⒇、㉑はその人の身体そのものが知覚する場合です。物理的に言うと、いずれも知覚が先にあり、それが次の瞬間に脳の言語中枢に伝えられ、発話に至るという順序を取ります。

㉒　水ガ飲みたい

㉒の場合も「喉の渇き」が先にあり、それを知覚して、次の段階で「飲みたい」という欲求を口に出しています。ここで大事なことは、「AがB」という構文ではBのほうが先に生じることです。

㉓（あるグループの中に「田中」という人がいることが前もって分かっているときに、司会者が問いかける）
(a)　田中さんハどなたですか。
(b)　私ガ田中です。

(a)では司会者はここに田中さんがいるということをすでに知っているのであり、そういうときはハを使います。それを受けて「田中さん」は(b)のようにガを使って言います。つまりガのあとの発言は、その内容がすでに「前提」となっていることを指しています。

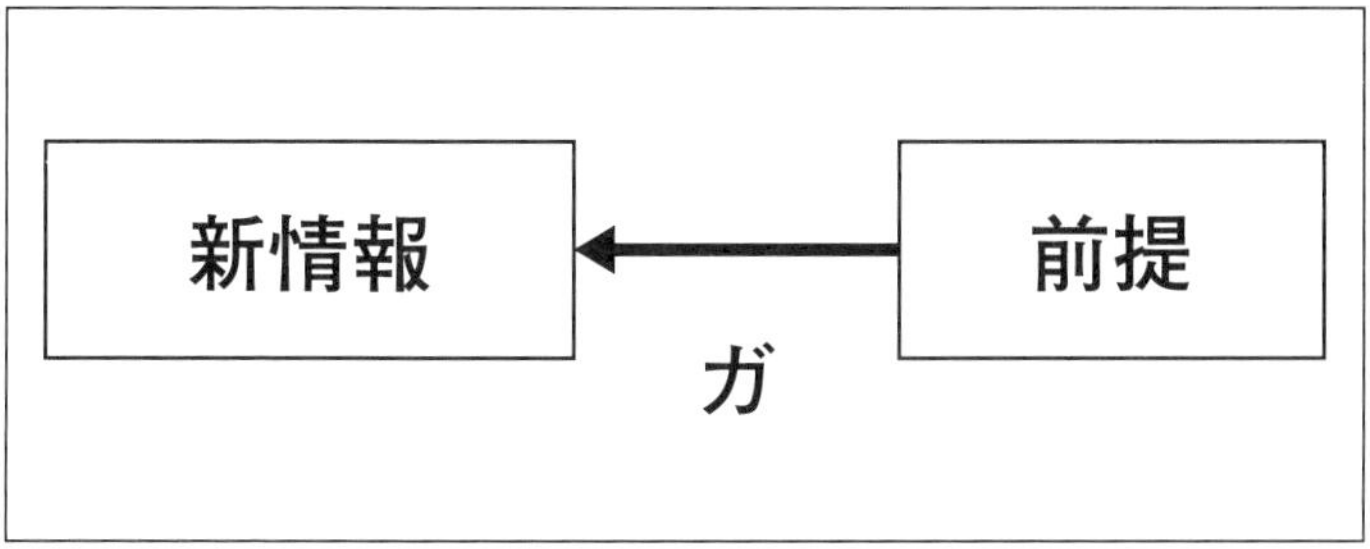

図6　「ガ」の場面構造図

■ガの基本的機能のまとめ

ガの基本的機能については昔ある程度の直観的な見通しを持っていました。それについては、次の節で詳しく触れます。その直観は結果的には当たっていたことが今では分かっています。直観はあとで触れますように、本来正しいものであることも最近の脳科学の研究では明言されています。

ガは、《話し手にすでに分かっている前提に基づいて、それに足りない新しい情報を指し示す》というようなことになると思います。図示すれば図6のようになります。

図6のように、ある程度の構造性を示す場合には、ガの「場面構造」と呼ぶことにします。それ全体がガの意義素でもあります。言葉で記述するよりも図示するほうが分かりやすい場合には場面構造図を用います。

ここで「前提」と呼ぶ現象は、細かに見ると幾種類かに分けることができます。次に示す図7は場面構造でもあります。

前提
- A 直観的
- B 場面的
- C 知覚的
- D 知識的

図7

［A］ 直観的前提

(24) (警察官が逃亡中の犯人を捜している場合、服装・挙動などを総合的に捉えてある人物を犯人と疑うような場合)あいつガ怪しいぞ。

［B］ 場面的前提

(25) あ、ウグイスガ鳴いている。

［C］ 知覚的前提

(26) 背中ガ痛い。

［D］ 知識的前提

(27) カキは広島ガおいしい。

これは牡蠣の生産地、味などに関する知識が前提となって文の解釈がなされる場合です。「カキ」が「柿」でないことも前提的知識およびアクセントによって理解されます。

(28) キリンは首ガ長い。(「ゾウは鼻が長い」という常識が背景にある)

これは動物全体の体形についての一般的な常識が基になって意味解釈が成立する場合です。

■場面と現象文

前節で「場面的前提」に触れました。これに関して、文の類型的分類をする際に場面を「現象」と呼んで、文構成の重要な構成要素と考えた学説のあることに触れておこうと思います。それは三尾砂《まさご》(一九七八)の「文の類型」です。

場と文との関係から導き出されてきた四つの文を仮に現象文、判断文、未展開文、分節文と名づけることにする。これらの文の区別は、まず形の上からちがっていること、つぎに、精神機能のそれぞれちがった性質をあらわしていることの、二つの標準から見て行きたい。

(一) 現象文

雨がふってる。

とんぼがとんでる。

などのように

体言　＋　が　＋　動詞

の形の文である。形の上の特徴は、助詞の「が」をともなっていることと、述部が動詞であることである。その動詞も終止形の場合は少なくて、「……ている」「……でいる」「……てる」「……でる」の形になっているか、または過去形の「……た」「……だ」の場合が多い。（p. 365）

■ガの意味構造の着想

ハ・ガについて本書中で示した意味構造というのは、いわば直観ないし創発（池谷裕二、二〇一三: 372–）を図式化したものです。ガの場合は直観と現実の用法上の特色の二種類の材料に基づいていています。

（一）　ハとガの用法上の違い

次の例は、ある展示場に作品や展示物が並べてあり、案内役のAさんが知人のBさんに説明する場面であると考えてください。

これが	前提	？

図8

Bさんが Aさんに対して「これハ？」と聞いた場合、Aさんはその展示物についていろいろと説明します。もしBさんが「これガ？」と聞いた場合、Bさんは Aさんの説明を一応聞いたけれど納得できなくて、確認のために発言しているのであって、Aさんの答えは「はい、そうです」あるいは「いいえ違います。こっちのほうです」のように訂正するかのどっちかです。

ここにハとガの第一の違いが反映しています。ハは実質的な説明を求めているのに対して、ガのほうは、すでに行われたAさんの説明を確認しているだけです。つまり説明の部分は「前提」となっていることを意味します。図示すれば、図8のようになります。

これが「ガ」は前提に基づく「確認」の問いである証拠です。

(二)　直観

これは池谷氏の言う「創発」ないし「直観」です。意識の上では理由はよく分からないけれども、心の中に浮かんでくる内容のことです。池谷氏などの脳科学者の言う無意識の思考、従来、「直観」と呼ばれていたものはこれです

池谷氏らの脳科学では意識的思考と無意識の思考の二種類を認め、直観は無

意識思考に繋がっているという趣旨のことを論じていますが、p. 95で取り上げた三尾砂（一九七八：506）は別のところで、これに近いことを述べています。私たちは眠りの前後に頭がぼんやりした状態でとりとめのないようなことを考えますが、「このような場合にあらわれる方式が、じつは本当に近い姿なので、そういう時に本当の姿を見せるのだといえよう。」と述べています（『日本の言語学　第3巻』p. 506）。

　私は今でもはっきり覚えていますが、一九六二年つまり日本語のいわゆる格助詞について考えていた頃、心の中で「ガ、ガ、ガ、…」という音声を繰り返すたびに頭の中に矢印が「ピコ、ピコ、ピコ…」と点滅するのを感じましたが、これは何か重要なことを指示しているのではないかと思ったものです。この直観を図形化して、国広（一九六七：219, 233）に上のような図を示しています。

世の中は澄むと濁るの違いにて［前提］
刷毛《ハケ》に毛**ガ**あり、禿《ハゲ》に毛**ガ**なし［具体例］

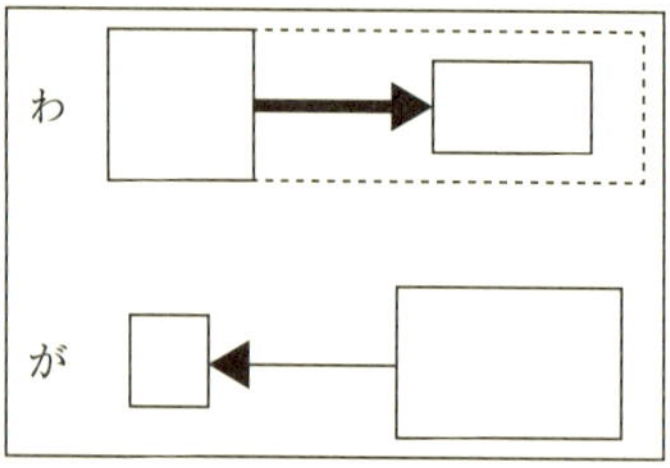

図9

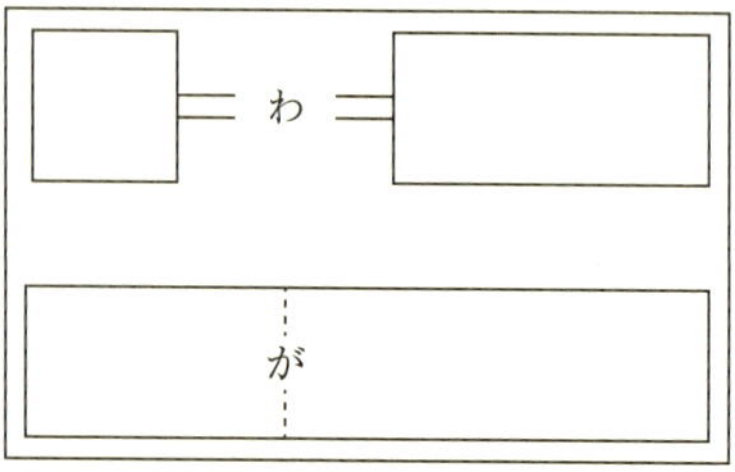

図10

■ハの場面構造

ハの主要な機能に、次の二つがあります。

（一）　複数の類似物が併存し、その存在は対話者にはほぼ分かっている。

（二）　類似物相互の間には《対立》関係が生じている。

ハの用法については、従来「主題の選別提示」ということで、ほとんど問題がなかったようです。「取り立て」と呼ばれることもあります。この用法を分析的に考えてみましょう。

ハを使う場合の前提として、複数個の類似のものが存在しているということがあります。その事物がどういうものであるかは、当事者にはだいたい分かっているということがあります。この場合、「何」のような疑問詞はハの前には立つことができません。

話し手がある事物を話題として取り上げるとき、何らかの《選択》の理由があるのが普通です。そこで選択された項目と選択されなかった項目の間に《対比》が生じます。その《選択・対比》の混合体を従来は「取り立て」と呼んでいたのだと考えられます。以上の考察に基づいて意味構造図を作りますと、事情はさらに明瞭になると思います。

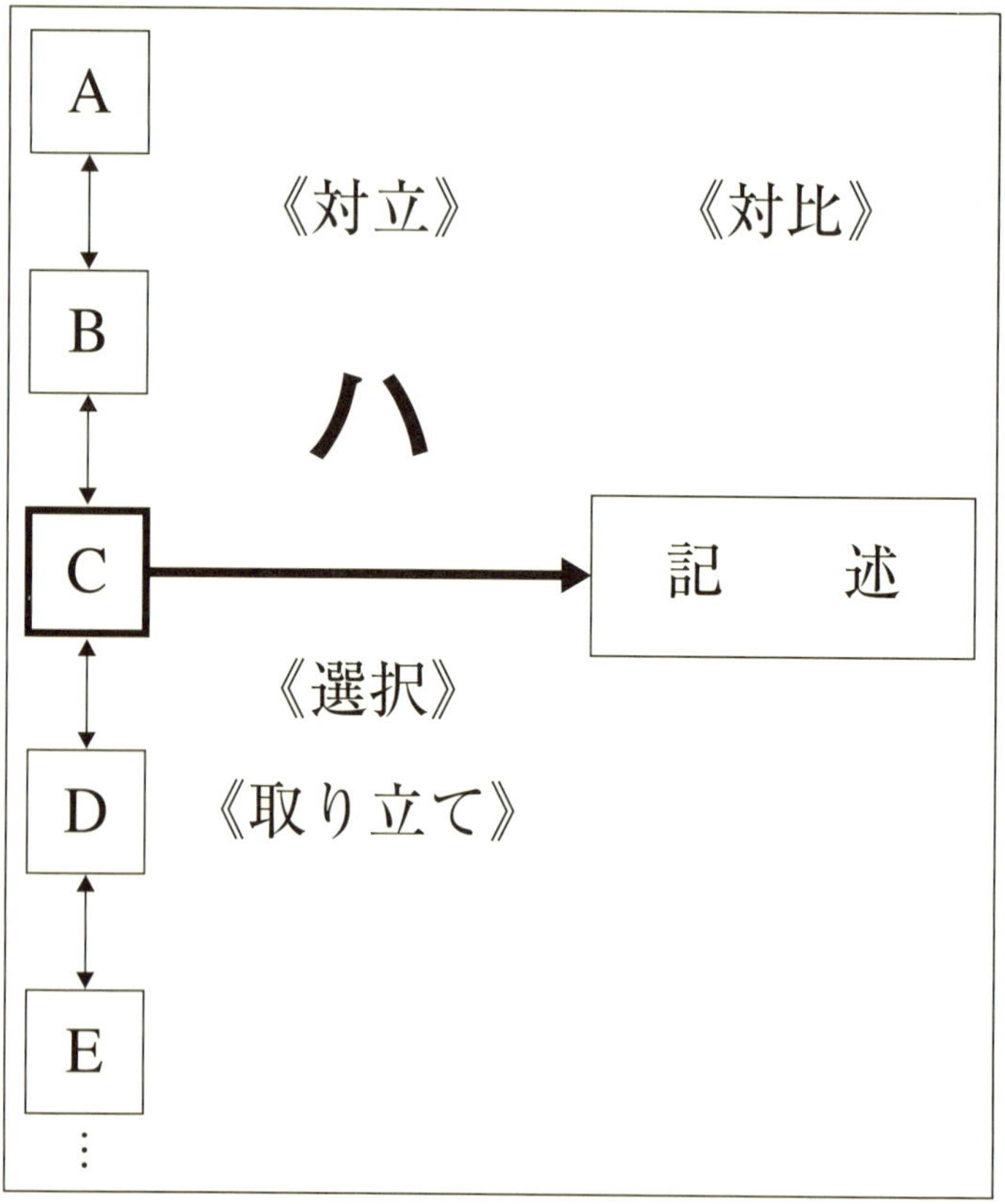

図 11　ハの場面構造図

■ハの用法の社会的な面

この「類例の存在を暗示するハ」は、使い方を誤ると、「からかい」などの厭らしい感じを与えるので気をつける必要があるという意見があります。小谷野敦(二〇一四：88)は次のような例を挙げています。

(29) 青少年犯罪の激増、まことに由々しき問題ではある。

(30) 映画界は大騒ぎ、いやはやお賑やかなことではある。

他にいろいろ似たことが言えるという責任逃れのニュアンスが感じられることになります。大野晋(一九九九：73–75)にはハの部分否定用法が扱われています。

(31) 美しくハ見えた。(しかし、べらぼうに高かった。)

(32) 訪ねてハ来た。(しかし、遅く来た。)

ハを使うと、逆の好ましくないニュアンスを与える恐れがあります。ここに《対比》の働きが強く出ているわけです。

場面構造と具体的表現の分析

前節でハの場面構造図を示したわけですが、この構造の含みを十分に理解していただくために、よく問題にされる二つの表現型を例にとって考えます。図11は、ハが用いられると同時に三つのことが行われることを示します。

（一）　ハの前に来る語は背後に一群の既知の類似物を持っていることを暗示する。
（二）　ハによる選択の裏では類似物相互間に対立があり、対比がなされる。
（三）　その類似物の中から一つが選択され、取り立てられる。

この三つのうちのどれが重点的に取り上げられるかは、その時々の場面の状況によります。こういう状況がハの用法の複雑さの原因となるわけです。

「東京ハ神田の生まれ」

「東京ハ神田の生まれ」は普通は地名の常識によって「東京」は広域地名、「神田」は東京内部の狭域地名と理解されますが、そういう常識がなくても、ハの使用により、それに近い解釈がされるのが普通です。実例を見ましょう。

(33) オランダハデルフトのアマチュア顕微鏡製作者アンソニー・フォン・レーエンフックは、世界に先駆けて精子の存在を発見した。(福岡伸一『動的平衡』、p. 50)

(34) 語り手の出版社勤務の男性、橘もまた、彼の作品に魅せられ、かつて画家が暮らした新潟県ハ小桑原に向かい、彼の妻や彼の創作を支えた人々の世界へと足を踏み入れていく。(角田光代『私たちには物語がある』)

■「何々してハ何々する」(動きの反復を意味する)

これは二つの動詞をハが結ぶ固定した表現構造であり、二種類の動きが何度も繰り返されることを意味します。例を挙げましょう。

(35) すき間から舞い込んだ粉雪がミソ汁の鍋におちてハとける。(本田勝一『北海道探検記』)

この用法では二種類の動きがハで結ばれているので、その一対の動きが多くの動きの中から選択されたことを意味していいます。それと同時に「粉雪」は続けて落ちてくるものと理解されていますから、「落ちては解け、落ちては解ける」という光景を意味することになります。

(36) 寄せてハ返す波は、なぜか、じっとながめていても、ちっとも飽きない。(池内　紀『ひとり旅は楽し』)

(37) 大正の初年までは、毎年のように、海流の関係で、寒流に住むあしかの群がここにやって来てハ住みついたので、あしかがり——あしかあがり、もしくはあしかがれ(がれは岩場の意)——という名が付いたのだという。(團伊玖磨『エスカルゴの歌』)

第六章　ハとガについて(2)

——金田一説・久野説との比較検討——

■ 金田一説の評価

金田一春彦(市河・服部共編、一九五五：190)は「ガは「主格」を表わす」とのみ記しています。これでは前述のように「水が飲みたい」という目的格用法、「彼女はピアノが上手だ」のような補格用法が説明できません。また、金田一は解説で、「日本語では、能力・希望・好悪を表わすのに、その対象を主格にすえる」と述べています。これはガが主格助詞であると考えていた時代を無反省に踏襲しているだけです。こんな乱暴なことを言うことは今は許されません。たとえば、新聞の見出しではスペースを省くためにハ・ガ・ヲは省かれることが多いですが、それにもかかわらず、なぜ格関係が問題なく読み取れるのかが説明できません。

すでに論じたように(→pp. 82–84)、日本語には格助詞は存在しないのであり、文の格関係はそこに用いられている名詞、あるいは動詞相互間の意味関係から推定するものなのです。

実際、少し古い日本語では公文書は助詞なしに用いられていました。

(1) 天気(　)晴朗なれど波(　)高し　皇国の興廃(　)此の一戦にあり　各員(　)一層奮励努力せよ

この金田一春彦説に対して、服部四郎は監修者注(pp. 304–305)で次のように述べています。

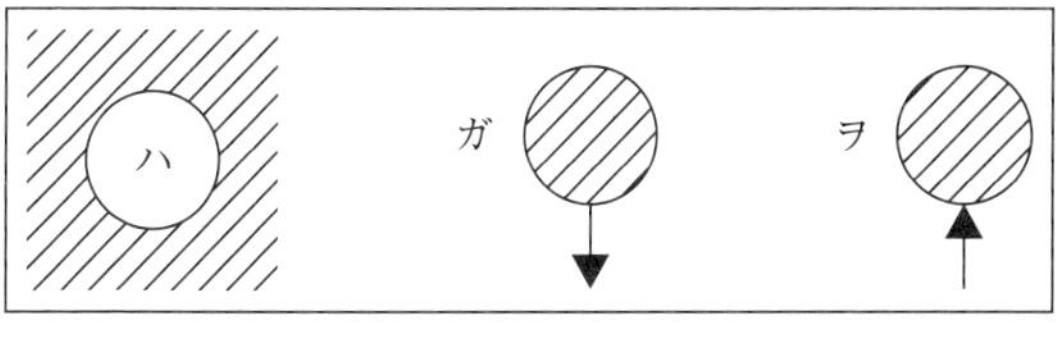

図 12

因みにワの意義素には「主格」や「対格」の要素は含まれない。〃私ワ読ム。〃〃小説ワ読ム。〃では前者のワは主格、後者のワは「対格」を表はすように見えるが、この場合、前後の型式と統合型(文型)とがその区別を表はしているのであって、ワはその区別に関与せず、ただ「私」或いは「小説」以外のものが背景に考慮されてゐることだけを表す。これに反し、〃私ガ読ム。〃〃小説オ読ム。〃のガは「主格」、オは対格を表はすだけであり、且つ、それが結合するワタシやショーセツという形式の表は す事物だけが、他の事物を考慮に入れないで取上げられてゐることを表す。私は数年前に、ワとガとヲの意味の相違を[図12]のように表したことがある。

この服部説は、通説に流されず、独自の考察が行われたもので、おおいに評価できます。第五章に示した国広説とは異なっていますが、ハに関してハの前に表現されている点は、p. 101 の国広説と同じであり、おおいに意を強くするところです。さらに国広説では、Cを選択すると同時に選択されなかったA、B、D、Eとの《対比》が表されている点が服部説と同じです。《選択》

は常に《対比》を含んでいるということになります。

■ 久野説との比較

世間の最近の定説のように扱われている学説として久野暲《すすむ》（一九七三）に含まれている「ハ・ガ説」があります。久野説は p. 101 で略述した国広の分析とは基盤が大きく異なるので、両説の厳密な比較は難しいと思われますが、できるだけのことはしますので、参考にしてください。

久野はハに二つ、ガに三つの異なった用法を認めています。

(2) a. 主語を表わす「ハ」: 太郎ハ学生です。
　b. 対照を表わす「ハ」: 雨ハフッテイマスガ、雪ハフッテイマセン。

(3) a. 総記を表わす「ガ」: 太郎ガ学生です。（「今話題になっている人物の中では」）太郎だけが学生です」の意味）
　b. 中立叙述を表わす「ガ」: 雨ガ降っています。オヤ、太郎ガ来ました。（観察できる動作・一時状態を表わす）
　c. 目的格を表わす「ガ」: 僕ハ花子ガ好きだ。

久野は「主語を表わす「ハ」」と言っていますが、

(4)　私はビールハ飲むが酒ハ飲みません。

ハには目的格を指すハもあるので、ガの場合も含めて「ハ・ガ」と格は切り離して考え、格関係は文中の位置によって与えられると考えるのがよいと思います。久野説で認められている《対照》は国広説の「ハの意味構造」の中の《対比》が表面化したものと考えます。

(2) b.《対照》の用例では、「雨」と「雪」が並べられているので、その文脈的影響によって《対照》の意味が一層はっきり出ています。この場合、単に「雨ハ降っています」だけでも、「雨」以外のものは降っていないという含みを伝えることができます。

ハが文中で顕在化させる文脈的な意味は、ハの場面構造図の中の意味要素(の単独あるいは組み合せ)によって表わされるものと考えます。

前提 ｛ 直観的 / 場面的 / 知覚的 / 知識的

図 13

■ 久野説に見られる新しい術語——「総記」と「中立叙述」

久野の「総記」用法は次のように分析されます。

(5)　太郎ガ学生です。

(5)は前提として、先行する文脈の中である一群の人々がいて、そのうちの誰かが学生であるということを、その場の人々が了解していると分かっている場合の発言です。ガが用いられるときには、必ずその場の人々は「前提」が分かっているという条件が満たされています。その前提がない状態で、出し抜けに「太郎ガ学生です」と言っても、その場の人々には何のことかわけが分からないはずです。そういう場面で「太郎」が新情報として提出されるわけです。このように説明すれば、「総記」のような見慣れない術語を持ち出す必要もなくなります。

久野の言う「中立叙述」が意味される場合は、前提が「その時の広い空間」である時のものです。国広説で言うガの前提はすでに前ページに示したように細分化されています。

「前提」：

直観的　(刑事同士の囁き)おい、あの男が怪しいぞ。

場面的　あ、ウグイスが鳴いている。

知覚的　体の調子が悪い。

知識的　地球が太陽から分かれたのは…年前のことだ。

(3) b.の「雨が降っています」は発話時の場面的出来事を指します。「オヤ、太郎ガきました」は直前の状況が前提となっています。

(3) c.の「僕は花子ガ好きだ」の意味は文脈の位置関係から得られた格関係によるもので、ガの機能ではありません。

久野説に大きく依存する菊地康人(一九九七)の論も久野説と同じように再解釈することができます。菊地康人(一九九七：104)は久野説の「総記」を「解答提示」と呼び直したいと言っていますが、この用法こそ国広の「前提—新情報」の具体的な一例に過ぎず、呼び直す必要はないものです。

以上のように久野説は再解釈されて国広説の中に吸収されることになります。

新聞の見出し語

本章の内容と直接には関係ありませんが、助詞の機能をさらに掘り下げるために、一例として新聞の見出しを観察してみましょう。

新聞の見出し語はスペースが限られているために、文意理解に支障がない限り省略されるのが普通です。そのことは同時に、格関係の理解は助詞によらないで、文章を構成する語相互間の意味的な関係によるものであることを示しています。この点はすでに述べました。

以下に実例を挙げますが、省かれた助詞を［　］で示すことにします。

(6) 沖縄で米軍ヘリ［ガ］墜落（『朝日新聞』朝刊、二〇一三年八月六日）

(7) 内閣情報局［ノ］新設へ（『朝日新聞』朝刊、二〇一三年八月三〇日）

(8) 経済・憲法［ニツイテ］9党首［ガ］論戦（『朝日新聞』、朝刊、二〇一三年七月四日）

助詞を入れなくても文法関係がはっきりしている場合に、さらに助詞が入れられる場合があります。これは格関係以上に、助詞そのものが持っている意味を生かそうとしているものと考えられます。

(9) 組員融資「意識低く反省」
みずほ、改善計画提出
2トップは留任（『朝日新聞』朝刊、二〇一三年一〇月二九日）

ここでは、「2トップは留任」とハが入れられています。これは、ほかに辞任した責任ある立場の社員がいるのに対して、それらと同じレベルにいるトップが予想に反して留任しているという含みを持つ見出しです。これは「は」が複数の同類を対象にしている助詞であることを利用したものと考えられます。

(10)　食材偽装　社長が辞任(『朝日新聞』朝刊、二〇一三年一〇月二九日)

これはあるホテルズ系のレストランなどでメニュー表示とは異なる食材が使われた問題に関して、社長一人が責任を取って辞任したという記事の見出しです。

問題の性質からして、社長一人だけが責任を取るのは、「やや意外である」という含みを持つものと考えられます。これはガがある前提から予想される出来事が新情報である、つまり意外であるということを意味するものと考えられます。

(11)　凍土壁着工　効果は未知数(『朝日新聞』朝刊、二〇一四年六月三日)

このハは、「国民の要望に応えた」という点はプラスであるが、もう一つの「効果」があるかという点は未知数であると言っているのです。ハの裏には「多項対立」があることを示すものと考えられます。

見出し語で、二つの部分の間に断点があることを示す方法として主に次の三つがあります。

(一)　小さくスペースを空ける。

（二）　読点（、）を打つ。
（三）　助詞（ハ、ガ、ヲ）を付ける。
こういった現象が起こるのは、助詞が格関係を表わすのではないという何よりの証左であると考えます。

第七章　語彙論と表現論

——感覚を深く探究する——

■語彙の構造

語彙(vocabulary)とは、ある範囲で用いられる語(word)の集合体を指す術語です。「語彙」を「語」の意味で使う人がありますが、避けるべきでしょう。場合によって語彙の内部に構造が見られることがあります。たとえば、親族名称の構造は、その背後にある社会構造の反映と見るべきものです。

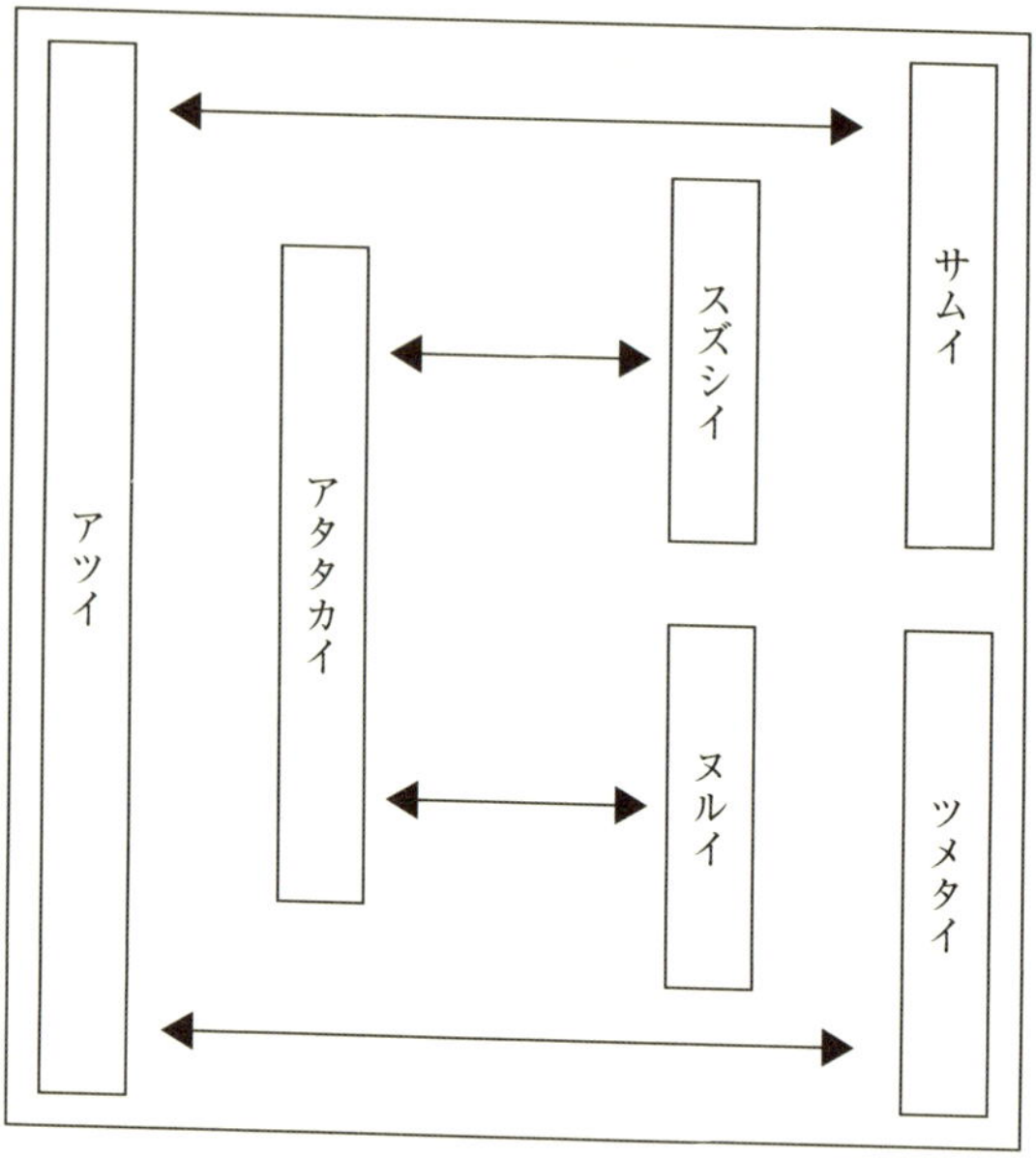

図 14　田中章夫(2002)「温度形容詞」

このように構造を持つものの一つに「温度形容詞」があります。これについては拙論「日英温度形容詞の意義素の構造と体系」(一九六五)があります。国広哲弥(一九六七)に再録されています。

次に示す田中章夫(二〇〇二)のものが沖森卓也(二〇一一)にあるので、ここに示すことにします。ほかの例については国広哲弥（一九八二a）の第四章をご覧ください。

図14では「熱い」と「暑い」、「温かい」と「暖かい」の漢字用法の区別、「冷たい」は「冷たいビール」では快を示し、「冷たい手で触らないで」では不快を示すということが分かりません。

	体表	体全体	
cold	ツメタイ	サムイ	不快
cool	ツメタイ	スズシイ	快
warm	温カイ	暖カイ	快
hot	熱イ	暑イ	不快

図 15　国広哲弥「日英語対照温度形容詞」

さらに英語のcold、cool、warm、hotとの対応関係がどのようになっているのかも分かりません。

そのような微妙な区別をはっきり示せれば、それに越したことはありません。上の図15に示す国広案は、それらの要求をすべて満たすようにしてあります。

図15は右の立論に差し支えない程度に簡略化してあります。詳細については国広哲弥（一九六七）を参照してください。

この図には次のような違いがあります。

（一）日英語の構造の違い

温度の高低に従って、英語の形容詞は一列になっているのに対して、日本語では二列になっています。そのためにcoldには「ツメタイ、サムイ」が対応し、coolには「ツメタイ・スズシイ」が対応するようになっています。hotにはこのような二語対応はありませんが、その代わりに「熱・暑」という漢字の違いが二語の区別をしています。warmへの「温・暖」の対応も同様です。

(二) 日英語の感覚器官の違い

日本語のほうの構造がタテ二列になっているのは、温度感覚の性質の違いを反映しているものです。上部に「体表」と書いてあるのは、体の表面とか指先などの体表の一部のみの局所的感覚であり、そういうところに分布する温感細胞によることを示しています。「全体」というのは「体全体」を指したもので、神経学的にいうと、脳の視床下部にある体温調節器官による感覚を指しています。

皮膚による感覚に関しては傳田光洋(二〇〇五)に従っています。人間の温度感覚が二種類に分かれているのには、理由があると考えられています。体表や指先で感じられる高温は素早く反応して体を熱源から引き離さないと体がやけどなどの損傷を被るために、皮膚自体の中に感温細胞があり、それが高温に直接反応して体を熱源から引き離す命令を発するのです。それに反して脳中にある感熱神経は表皮の近くまでにしか届いておらず、また、まばらにしか分布していませんので、皮膚の温度を知覚するには非常に不利であるためです（傳田、二〇〇五：46–48）。その感覚系統の違いに応じて日本語温度形容詞は発達したものと考えられます。その差異に気づいた祖先たちはすばらしい感覚を持っていたことになります。

（三）日英語間の語彙構造の違い

私は中学生時代に英語という外国語の学習を始めたわけですが、当時、この温度形容詞の項を見て私は頭の中が混乱しました。cold には「寒い、冷たい」、cool には「涼しい、冷たい」という訳語があり、「冷たい」は両方に共通してあったからです。

そこで、両者の関係をなんとかして見つけたいと考えてある夏奮闘しました。その結果、日本語が二系列構造をなしていることを発見しました。これは英語を触媒とした一つの日本語研究法であると言えるでしょう。

のちに編集に参加した『ラーナーズ・プログレッシブ英和辞典』（第二版）（小学館、一九九二）の cold の項に、この日英語を比較した温度形容詞の構造図を入れたのはこのときの経験があったからです。

この発見のおかげで、さらに「悪寒《おかん》」という感覚を科学的に説明することができました。『大辞林』（第三版）によると、「急な発熱により起こる、ぞくぞくとした寒気」と説明してあり、発熱により体は熱いはずなのになぜ寒いのかという疑問がわいてきます。人間のからだは風邪ウイルスに感染すると、ウイルスと戦うために体温の基準を急に高くずらします。そのときの体温は新基準より相対的に低いわけですから、寒さを感じることになるわけです。

■ 発話基準と国語辞典の定義

最近は国語辞典の編集者が本を出版して、語義記述の実情を知る機会が増えています。それを読むと、意味論の理論的な基本を必ずしも学ばないで、日常的な感覚だけに頼っているために、無用の苦労をしている場合があることが分かってきました。ここでは、その点に触れておきます。

(1) いま・今日・現在、ここ

このような時間・空間・位置を表わす語の語義記述には、その使い手のその時、その場所が基準になるのだということを知っていれば、ことは簡単に運びます。『三省堂国語辞典』(第七版)には次のような記述があります。

(2) **いま** 過ぎ去ったときでもなく、これから先のときでもない時。目の前の時。

これでは、「いま」ではないときを指して間接的にしか説明できません。「いま」のような時間を指す語の基準はその発話者の発話の時点であり、「ここ」のような場所を指す語の基準はその発話者のいる場所です。そこで「いま」と「ここ」の定義をしてみましょう。

(3) **いま**：話者が「いま」と言った時。

(4) **ここ**：「ここ」と言った話者がいるところ。

次の難問は「みぎ・ひだり」をどう定義するかです。

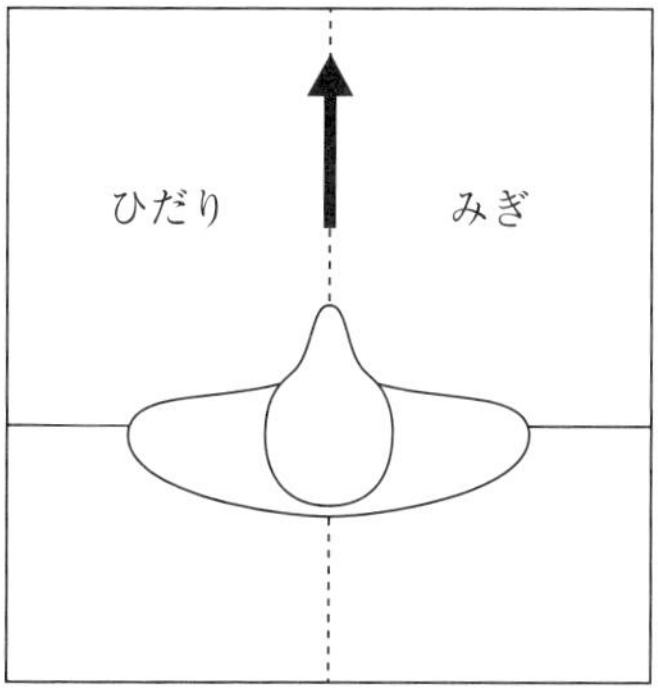

図 16　「みぎ」と「ひだり」

これも従来は間接的な説明しかしてきませんでした。「野球の本塁から見て一塁のほうがミギ、三塁のほうがヒダリ」とか、「この辞書を広げて、偶数ページのほうがミギ」など と曲芸的とも言える定義をしてきました。これも話者基準語ですが、こんどは図示することができます。

私たちは母語を習得するとき、どのようにしてミギ・ヒダリを習得したのでしょうか。誰も覚えていないと思います。おそらくおとなの使い方を見て習得したに違いありません。こういう時空的言葉とか、抽象的・心理的な語はそれが実際に使われた場面で、推察によって習得されているのでしょう。たとえば、身振りをつけて「こっちがミギ」など示せば分かります。

こういう無定義習得語というのは山のようにありますが、辞書編纂者はそんなに心配しなくてもいいのです。ただし、ミギ・ヒダリの区別は話し手の前にまっすぐ伸ばした線が基準になることは、前提として明確にしておかなければなりません。そうしないと、鏡に写った自分の姿で上下は逆さまにならないのに、左右は逆になっていることに一瞬惑います。

■「意義素」と「現象素」

あとで多義語の意味分析を取り上げるので、それに備えて二つの術語の意味の違いを説明しておきます。

「おか(丘・岡)」という単語で考えます。現実の「おか」は高さ・形・地上に生えている植物などいろいろな点で少しずつ異なりますが、《平野の中に小高くなったところ》というような共通点があります。こういう細かな相違を取り去って、共通部分を取り出したものを「意義素」と呼びます。一般の辞典は基本的にはこの意義素を記述します。音声学における「音《おん》」と「音素」の関係に平行しています。

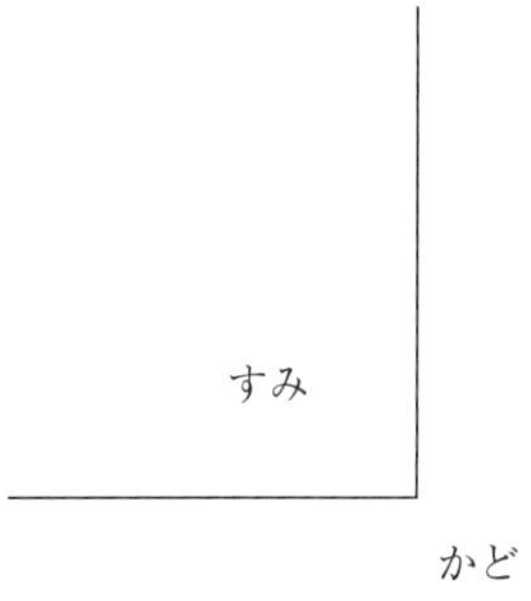

図17 「すみ」と「かど」

同じ対象でも、それを見る角度が違うと、違った捉え方をすることがあります。

ある街角にL字形の塀が立っているとします。その直角になった所を外側から捉えると「あの塀の角」と言いますが、塀の内側に入って角に近いところに行くと、そこの空間を「すみ」と呼びます。そのように物自体は同じでも、見る方向や心理的捉え方が違えば違った意味を与えられます。そのとき、その物自体を「現象素」と呼びます。

詳しくは国広哲弥(二〇〇六ａ)を参照してください。

■「ハカル」の現象素と多義の発生

「はかる」の多義構造は元々国広哲弥(二〇〇六ａ：176–186)で論じたものですが、それに後日譚を加えた形でここに再掲します。

「はかる」の多義構造の分析は最初森田良行(一九八九)で論じられたものです。そこでは一つの基本義からの派生として説明しようとして、元義は《ある範囲の量》であっただろうと推定しています。このように単一の意義素から多義派生を説明する方法は以前に私が用いていた方法なのですが、その後いろいろと無理があることに気づき、p. 122で説明したような「現象素」を別箇に立てる方法を考えるようになりました。

現象素は具体的な事物なので分かりやすく、説明に無理がないように思われます。

篠木れい子氏は以前に群馬県立女子大学教授で、その付近の方言の研究家でもありましたが、国広哲弥(二〇〇六a)に示した「はかる」の多義に関する私の推論を全面的に支持し、自らの方言調査結果にもぴったり合うということで、いろいろの補助的資料も提供されました。それを拝借しながら「はかる」の「通時的多義派生」の概略をたどってみることにします。

日本語では昔から名詞に直接に「ル」を付けて動詞を作る造語法がさかんに行われてきました。現代でも、合唱をしていて綺麗なハーモニーが生まれることを「ハモる」と言ったり、交通事故に巻き込まれることを「事故る」と言ったりします。両語とも『三省堂国語辞典』(第六版)に再録されています。同様に「はかる」は名詞「はか」を動詞化したものです。この古い時代の「はか」の意味は『時代別国語大辞典　上代編』(三省堂)に次のようにあります。

(5)　**はか**　(名)共同で田植え、稲刈り・草刈りなどをする際のめいめいの分担区域。

また、『日本方言辞典』(小学館、一九八九)によると、現在ほとんど全国にまたがって使われ、私の郷里山口県もそこに含まれています。また、篠木れい子氏の方言調査区域でも、ある栃木県の区域では今でも使われているということです。これほど確実な証拠はありません。右記の方言辞典では、語義は《列、行》と記され、用例として、「十名ずつ一はかになって並べ」が挙げられています。

なお、篠木れい子氏は東関東方言の一つ「氏家町方言」を調査し、「ハガ」を含む次の三語を記録しています。

ハガ(名)　田植えの自分が担当する分[例]ジブンノハガオモヅ(自分のハカを持つ)
シャリッパガ(名)(退りっぱが)ハガに苗を植えるとき、後ずさりすること
スッパガ(名)　ハガに苗を植える時、横に植え進むこと

以上に基づいて、ハカを動詞化して「ハカル」とし、それを「作業の前段階」、「作業の目標」、「作業目標の消化」という三つの異なった視点から捉えるときに派生する三つの意味内容がどのようになったものであるかを時間系列に従って図示してみましょう。

補足的な説明をしておきましょう。

[前段階]では、まず予定を立てます。「推測する」と言いますのは、「作業面積がこれだけある。

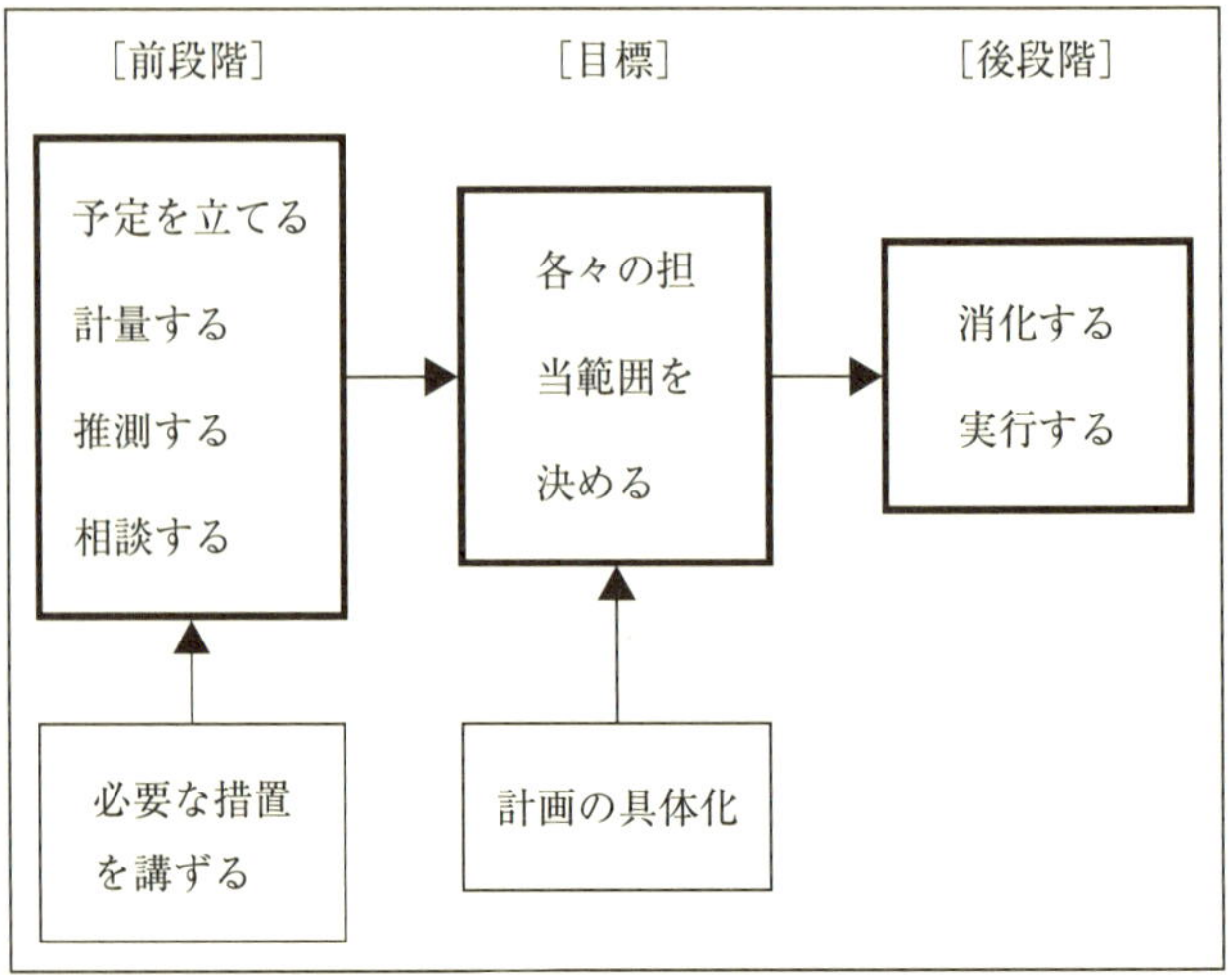

図 18 「ハカル」の多義派生図

作業者の人数や能力はこれこれである。天候の具合はこれこれである。こういう条件から考えて、誰にはどれだけの面積を割り当てよう、などの考慮をする」ということです。その時、仲間と相談することもあるでしょう。この段階から生じたのが現在使われている「計る、計画する、計測する、仲間と相談する、諮る」などです。それらをひっくるめれば「必要な措置を講ずる」ということになるでしょう。

「目標」の段階が予定通りに進むことを、「はかどる、はかが行く」と言い、予定通りに行かないことを「はかが行かない、はかばかしくない」というのもこの「はか」から出たものです。

余談になりますが、四十年ほど前に私が東京大学に勤めていたころ、東京・丸の内にある読売新聞本社の記者諸氏の集まりに呼ばれて、「はかる」

の用法についていろいろ尋ねられました。私は若い頃のこととて、皆さんのご期待に添うことができませんでした。今こうしてようやく皆さんのご期待に添えるようになりました。すこし遅すぎましたが、ご寛恕ください。

■動詞の意味的分類

日本語動詞の意味的分類について広く知られた研究に、金田一春彦(一九五〇)という研究があります。ただ、一つ大きな問題が残っているので、ここで取り上げます。

金田一の示した分類は次のようです。

第1種：　状態動詞　「ある、できる」など。
第2種：　継続動詞　「読む、書く、降る、吹く」など。
第3種：　瞬間動詞　「死ぬ、点く」など。
第4種：　　　　　　「聳える、すぐれる」など。

この問題は国広(二〇〇五)において解答をすでに提出しているのですが、現時点ではどの文法辞典や日本語教育関係の辞典でも「第4種」のままになっています。目立たないところに発表したために世間の注意を引かないでいるらしく、文法研究者の間でも「聳える」という動詞の意味的分類を口にするとき、必ず「第4種動詞」を枕に付けて「第4種動詞聳える」と言っています。この問題を十分に論じるにはアスペクト論から展開しなければなりませんが、それは国広(二〇〇五)に任せ、ここでは金田一春彦(一九五〇)のさわりの部分を再掲します。

最後に**第4種の動詞**として挙げたいものは、時間の観念を含まない点で第1種の動詞と似ているが、第1種の動詞が、ある状態にあることを表わすのに対して、**ある状態を帯びることを表わす**動詞と言いたいものである。例えば「山が聳えている」の「聳える」がこれである。この種の動詞は、**いつも「——ている」の形で状態を表わすのに用い**、ただ「聳える」だけの単独の形で動作・作用を表わすために用いることがないのを特色とする。「聳える」の意義は「(一つの山が他の山に対して)高い状態を帯びる」の意であるが、「帯びる」と言ってしまっては、以前低かったものが新たに高くなるようでまずい。他の山より高い状態にある、それを「いる」という概念と、もう一つxという概念に分析して表わした、そのxが「聳える」である。甚だ説明しがたい意義をもつ動詞であるが、皆様には既に分って頂けていることと思います。

「第4種」という名称は単なる数字であって、中身は何も表わさないのですから、なんとしても改善しなければなりません。それが発表以来六十年も経っているのに放りっぱなしになっているのは残念なことです。実はここには文法とは次元の違った比喩的表現法がからんでいるのです。私はそれを「痕跡的認知」と名づけています。たとえば次のような表現のことです。

(6) 駅前には銀行の支店が集まっている。
(7) この道はこの先で左に折れている。

(6)の場合、銀行の支店が遠くから駅前に移動してきたわけではありません。「あたかもそうしたかのような位置にある」ということです。(7)の場合、道がひとりでに形を変えたわけではありません。人間は物を比喩的に捉えるという特技を持っているので、物の位置や形を「変化の結果状態」と捉えるのです。それを日本語では「ている」を使って表します。そのことは、p. 60ですでに触れました。

山の例で用いられた「聳える」という動詞は《山や建物が高く立ち上がる》と言う意味で、「肩を聳やかす」と言えば、《片方の肩を異常に高く持ち上げる》という意味です。「高い山」の姿を表現するのには、比喩的に言うのが分かりやすいと考えて、昔から「聳えている」を使ってきたものと思われます。

以上の考察に基づいて第4種動詞を命名し直すならば、「変化動詞」ということになります。「変化」はさらに三種類に分けられます。

(一) 変形動詞：延びる、曲がる、折れる、膨らむ、へこむ、縮む、聳える。
(二) 変性動詞：冷める、腐る、熟す、熟れる、煮える、乾く、優れる。
(三) 移動動詞：届く、離れる、重なる、ずれる、外れる、移る、到着する。

(三)の「移動」は「位置の変化」のことです。

■変化動詞と痕跡的認知

p. 129で、「山が聳えている」という表現は、「聳える」という変化動詞が《あたかも過去に聳えた山がその「聳える」という変形の結果（＝痕跡）を現在に残している》というふうに考えた一種の比喩表現であるということを申しました。

ところが、最近の認知言語学の本を見るとそうではなく、「形や位置の認知は視線を移動させる動きの結果である」と説明されていて驚きました。たとえば「野原の中を一本の道が走っている」というのは、走る道路に沿って視線を走らせた結果の認知による、というわけです。この認知言語学的な説明は山梨正明（二〇〇〇）に従っています。

私の常識的な考え方では、とてもそういうふうには受け取れません。私の考え方の根本から出発しましょう。

人間の五感の二大区別

第一に、人間の五感は大きく二種類に分かれます。一つは視覚と聴覚で、遠隔感覚と呼ばれます。もう一つは接触感覚と呼ばれ、嗅覚、味覚、触覚が含まれます。遠隔感覚の特徴は、われわれはそれを働かせていることを意識していないということです。視覚の場合は「目が見ている」とは感じないで、「目の前に何かがある、見える」ということだけを意識し、聴覚の場合は鼓膜が振動しているとは感じないで、外界の物や動物が音を発していると思っています。目や耳の存在に気づくのは、その具合が悪くなったときだけです。それは、内臓の場合にも言えます。胃や腸の存在を意識するのは、それが何か具合が悪くなったときだけです。

接触感覚の場合は、匂いの粒子、味の基になる物質、体の皮膚に接する物が基になっています。砂糖や胡椒などは直接に見ることもできます。接触の状況は意識することができます。しかし、視覚・聴覚の場合はそんなふうな意識はできません。

ここで、一つの実験をしていただきましょう。今、どこかの部屋の中でこの本を読んでおられるでしょう。眼を上げて、部屋の隅から隅までゆっくり見てください。意識されたのは、自分が部屋を眺めわたしたことではなく、部屋の全体がそこにあることを確認されたことだけでしょう。視線をぐるりと回したのですから、山梨認知論的にいうと、眼の前で部屋がぐるりと回ったように見えなければいけません。しかし、そうではなかったはずです。この点を逆に確かめるために、もう一つの場合を見てみましょう

今度はテレビ・カメラの場合です。カメラマンがカメラを持って走ったりすると、カメラがゆれます。そうすると、家庭の受像機の画面では大地が揺れて見えます。先ほどの実験では部屋は少しも動かなかったはずです。つまり、人間は目で外界を見ているときは見えている通りに知覚するのではなく、大脳が視覚を調整しているのです。その調整の中では、視線を動かすことは消し去られているのです。山梨認知論の言うような視線の動きなど消し去られているのです。

地震のときに固定したテレビ・カメラが揺れると、家庭のテレビの画面の大地も揺れます。これは、脳による補正がないからです。

■英語の痕跡的認知表現

同じ痕跡的認知表現は英語にもありますが、形が大きく異なっています。

日本語では「―ている」を付けるのが表現上の特徴だったのですが、英語では普通の過去形を

使います。同じ形を描写するのに、日本語では、実際にはなかった形の変化をあったことにするのに対して、英語では、実際にあった変化を表現するときと同じように単純過去形を使います。

もっとも「実際にはあったはずはない」ということが文脈から明瞭ですから、誤解は起こりません。日本語に訳すときはどうしてもいろいろ工夫が必要で、ときに「ている」形を使うこともあります。実例を見てみましょう。

(8) Its [Conference] buildings——mostly old, mostly clay red——*climbed up* hills *and down* valleys, recalling a north-Italian hill town. (*National Geographic*, Feb., 1987)（会議場の建物は大部分古くて赤粘土色をしていたが、丘の坂を昇り、谷に下りしながら、続いていて、北イタリアの丘陵都市を思わせた。）

(9) The paint on the ceiling was cracked too, large black gaps shrouded with cobwebs and dust. A rickety fan *dropped* from the center and wobbled as it spun. (John Grisham, *The Testament.*)（天井のペンキもひび割れしていて、大きく黒々としたすき間にはクモの巣とほこりが詰まっていた。カタカタ音の出る送風機が天井の中央からぶら下がっていて、回転につれてゆらゆらゆれていた。）

(10) She turned and started towards the mountains that *rose* in the distance, high above the con-

vent. (Sidney Sheldon, *The Sounds of Time.*)（彼女はくるっと向きを変えて、遠くに、修道院よりははるかに高く聳えている山波のほうを目指して歩き始めた。）

■山梨説による痕跡的表現

以上に論じてきた痕跡的表現と全く同じ現象を扱いながら、国広の分析とは違った考えが山梨（二〇〇〇：66–）に見られます。まずその部分を再録します。

視点の移動がかかわる表現としては、さらに次の例が挙げられる。

11・a. 山脈が東から西に走っている。
b. 山脈が西から東に走っている。

12・a. 突堤が海に突き出ている。
b. 半島が東に延びている。
c. 山が海に迫っている。

11の場合、物理的状況において、山脈が文字通りに東から西（ないしは、西から東）へ走るわけではない。この場合には、山脈を眺めている認知主体の視線が移動しており、この視線の

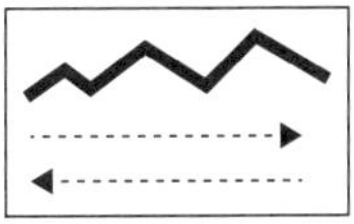

図 19

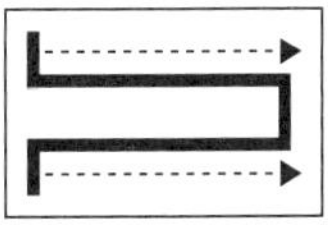

図 20

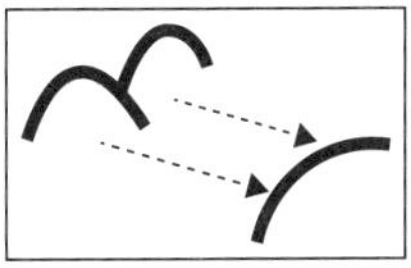

図 21

移動が「走っている」という述語に反映されている（図19）。12のaとbの例では、突堤ないし半島を一方向に目で追っていく視線の移動が「突き出ている」、「延びている」、という述語によって表現されている（図20）。12のcの場合には、山から海への認知主体の視線の移動がかかわっている。ただし、この場合には、認知主体は海の側に視座を取って山と海の地理的な関係を把握している。この視点の投影によって、「せまっている」という表現が可能になっている（図21）。

山梨によれば、形の認知はすべて視線の動かし方に拠っているという点が、私には理解できません。11の山脈の「走る」方向の問題は、周囲の地勢的な状況が与えられないと論じることができませんので、12についてだけ考えてみましょう。

これはすでに論じた「痕跡的認知」という比喩的表現で（→p. 130）、見る人の視線の動きとは関係がないものと見ます。私の作った次の例を見てください。

(11) 港の中に一本の桟橋が伸びている。

(12) 港の中に一本の浮き桟橋が伸びている。

どちらも表面的には同じ内容です。しかし、海中では(11)の場合は支柱に支えられているのが普通です。(12)の場合は支柱はなく海中にあって見えませんが、浮きに載っています。ただし、視線を走らせるだけでは、その違いは分かりません。

山梨的視線認知論は人間がものの位置や形を比喩的に描写する能力を持っていることを否定するものです。そういう理論はロボットのような脳を持たない存在には役立つかもしれませんが、私たちの言語能力の分析には役立ちません。

■ マッハ効果について

人間の知覚を問題にするのであるならば、比喩のような心の動きばかりでなくて、私たちが無意識のうちに知覚に手を加えていることも知っておく必要があります。

私たちは現実そのままに知覚しているとは限りません。たとえば、新しい石膏細工の正六面体（＝さいころ形）を思い出してください。学校の図画の時間に写生させられた時に気づいた人もあるでしょう。正六面体の窓側に向いた明るい面と反対側に向いた暗い面が接して作る稜線沿いの部分は明るいほうはいっそう明るく、暗いほうはいっそう暗く見えたでことでしょう。これはそういうふうにして、境界線の認知をいっそうはっきりさせるように人間の知覚が進化してきた結果だと思われます。

人間の顔を鉛筆で写生するとき、私たちは顔には輪郭線などないのに外郭を線で描くでしょう。これも同じ現象だと思います。油絵の肖像画では顔の外郭にこの線的な部分を完全に省いていることがあります。これは、感覚でなく頭で絵を描いているためではないかと疑われます。

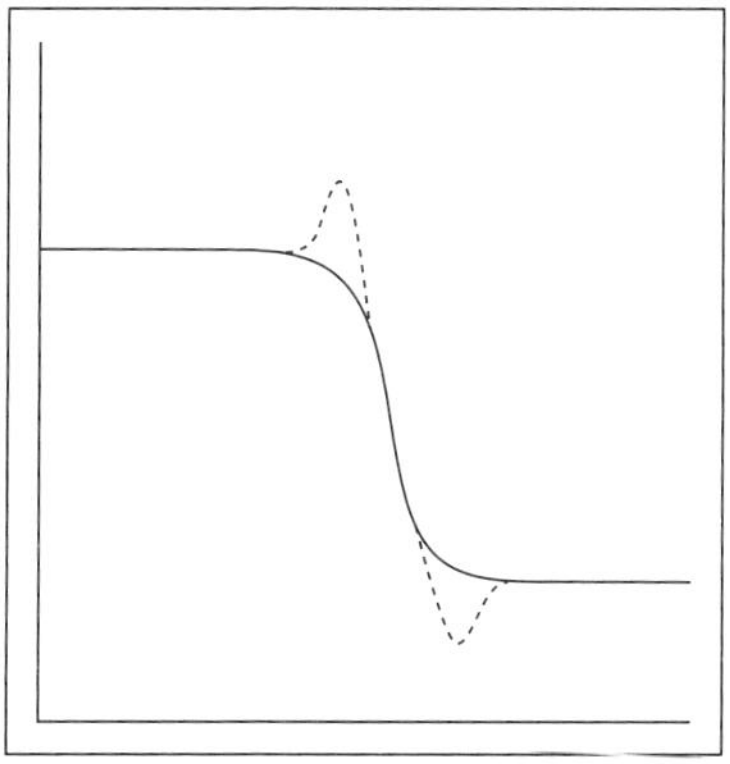

図22　渡辺慧（1978）に基づく「マッハ帯」

このような現象を「マッハ（Mach）効果」と呼びましょう。この「マッハ」は音速のマッハと同じ物理学者の名前です（渡辺慧、一九七八）。これは視覚だけに認められるのではありません。音声にも感じられます。サイレンなどの連続音が突然止まる式のものがありますが、止まる直前に一瞬「わっ」と大きく聞こえます。動きでも同じです。テレビが出現してその実例に接することができるようになりました。野球の飛球を追っていた画面がコマーシャルのために突然止まることがあります。その止まる直前に白球は一瞬早くなります。物理的にはあり得ないことですから、非常に印象的です。

形や動きの認知を視線の動きだけで捉えようとするのは、非常に乱暴な考え方だと思います。

■俳句とマッハ効果

芭蕉の古池の俳句の鑑賞にはいろいろありますが、対比的強調の観点から分析するマッハ効果から俳句を考えるのも面白いかもしれません。

(13)　古池や　蛙飛びこむ　水の音

拙見では、「古池」は《静》を表し、「水の音」は《騒》を表わし、《静》と《騒》を並べて表現することによって両者の対立を鮮明にする効果を狙ったものだと考えます。蛙が何匹であったかが論じられることがありますが、《騒》を鮮明にするためには一匹でなければならないと思います。音も「トボン」と一回限りで、あとは再び静寂でなければいけません。

第八章　展　望

――これからの日本語研究に望むこと――

■本書で伝えたかったこと

本書では、日本語学の一応定説と考えられているもののうち、筆者の見地から問題があると考えられるものを取り上げて、私見を述べてみました。十分に吟味して、今後の研究に役立てていただければ幸せです。

今回、一研究者としての私の生涯の仕事を振り返って見て感じるのは、ほとんど日本語研究の分野に知られてこなかったということです。自らについて語るのは気の引けるのですが、例外的に拙論に注意していただいた学者として、かつて職場を同じくし、個人的にも存じ上げており、しばしば文通して意見を交換してきた坂梨隆三氏、山口明穂氏があります。

本書では問題のありかを指摘しただけで、細かなところまで十分に整理していないところがあります。日本語文法の非常に大きな問題として、動詞の活用体系が解体されたことがあります。活用体系が姿を消した代わりに出てきたのは、動詞の語幹に続く「助動詞の連鎖」です。助動詞の連続の順序には一定の制約があり、流れ図（flow chart）の形で記述することができます。その試案を国広哲弥（一九八二c）に示していますが、十分なものではありません。この「流れ図」の複写図をp. 145に示しておきます。この図では「サセ＋ラレ」は許されるが、「＊ラレ＋サセ」は許されないことが示してあります。今後はこの「接続流れ図」の作成が興味深い研究テーマになると思います。

この流れ図は一枚の平面図で済んでいますが、丁寧体などの文体差、「アゲル・クレル・モラウ」の導入などを考慮に入れますと、立体構造の導入が必要になるかもしれません。全体をひっくるめて動詞形態論の構築が必要です。

一般への周知

新しい定説が定まったところで、その一般への周知の仕事が出てきます。中等教育での新しい教科書の作成、教員の再教育なども出てきます。日本語辞典の再編集も必要になります。見出し語にはローマ字を加え、母音語幹と子音語幹の区別をしなければなりません。動詞の語尾変化の教育はローマ字を使わないとできませんので、ローマ字教育は必須となります。

「そんな面倒なことはやめて、元通り仮名で行こう」という人は、「食べる」のルを夕に変えるときはルと夕を替えるだけでいいのに、「滑る」のルを夕に変えると、どうしてつまる音が現れ、「滑った」となるかを説明しなければなりません。そちらのほうがずっと厄介でしょう。「せ・させ」、「れ・られ」、「れば・えば」の形の二重現象も説明しなければなりませんが、これにはぜひとも語形のローマ字化が必要です。

■言語と文化

いま日本では、「英語も話せるところまで教育すべきだ」「いやその必要はない」といった議論が華やかに交わされています。実用になるまでを念頭に置かなくても、少なくとも日本語というものの特色を身をもって体験するためには、実際に英語を使ってみることが必要です。私はそのことを若いときにアメリカで暮らしてみて痛感しました。

知識としては、日本語には敬語があるが英語にはないと誰もが知っています。私たちは人と話すとき、常に身分の上下を意識し、それにふさわしい言葉遣いをします。それに対して、英語では代名詞はIとyouだけで身分の上下を全然気にする必要がありません。そのために社会的に身分の高い人と話しているときでも、知らず知らずのうちに友達気分になってしまうのです。実際、私は相手の意見にドンドン反論しながら自分でも驚くことがよくありました。アメリカで民主主義が発達したのは代名詞がIとyouだけであることが大きかったのではないかと考えています。そのことは、日本の高校あたりで教師と生徒に英語で議論させてみると分かると思います。そのことだけのためにも日本で英語を話す教育をする価値はあります。

反面、アメリカ人と日本語で話をしていますと、とても物腰の柔らかい、優しい人のような印象を受けます。昔、横浜の山の手にある米人向けの日本語学校を訪ねたことがあります。まだ若いアメリカ青年の校長と会って日本語で話しながら、穏やかな人だなという印象を受けました。何年かのちに、ある日米合同言語学者会議のために首都ワシントンに行きました。そこで思いがけなくも横浜で会った青年校長に再会しました。彼は母国で政府の役人になっていました。もちろん英語を話していましたが、発言は威勢よく、態度は傲慢不遜という印象を与え、これがあの腰の低い青年と同じ人だとは信じられませんでした。同じような例にはもう一人出会っています。こういう言語と人柄の印象の関連性を知るためにも口頭英語教育は必要です。

【付録】　国広（一九八二c：2-18）より抜粋。（p. 145まで）

※なお、これは「流れ図」のイメージを示すだけのものであり、きわめて不十分なものであることをお断りしておきます。

五　日本語の動詞屈折語尾

日本語のテンス・アスペクトについて考察する前に、動詞のあとに付けられる屈折語尾の体系を流れ図の形で示しておこう。動詞の語幹には母音（eまたはi）で終わる母音語幹 tabe-、oki- など）と、子音で終わる子音語幹（suber-, kak-, yom- など）が区別される。

【注記】この二種類の語幹の区別を体系的な形で示したのはおそらくバーナード・ブロックの一九四六年の論文「口語日本語の研究：I活用」（ミラー編、林栄一監訳）に収められている）が最初であろう。E・D・ポリワーノフがロシア語で書いた『言語学概論』（一九二八年）の中に 'am-'（編む）という子音語幹の形が示されているが、これが他の学者にどのようにして影響を与え得たか明らかではない。ポリワーノフのこの考えは、その論文集『日本語研究』（弘文堂、村山七郎編訳、一九七六：187）に見られる。浜田敦は一九五一年の講演「原始日本語に於ける閉音節語存在の仮説」（『国語学』第九輯、一九五二年、に要旨が収められている）において歴史的考察に基づいて文献以前の動詞に母音語幹、子音語幹の別があったことを推定している。大野晋も当時同じようなことを考えていたという（『日本語の言語学　第四巻文法II』（大修館書店、服部四郎編、一九七九：554）。

動詞語幹が母音終わりか子音終わりかによって屈折語尾の頭子音が保たれたり落ちたりということがあるが、これは表面的な現象に過ぎず、適当な音韻規則を設けることによって処理でき、屈折体系としては一つだけを認めておけばよいと考えられるので、代表として tabe- を語幹として図を描くことにする。

この流れ図から生み出されるすべての語尾の組合わせが同じように自然であるとは限らず、

動詞語尾の屈曲体系

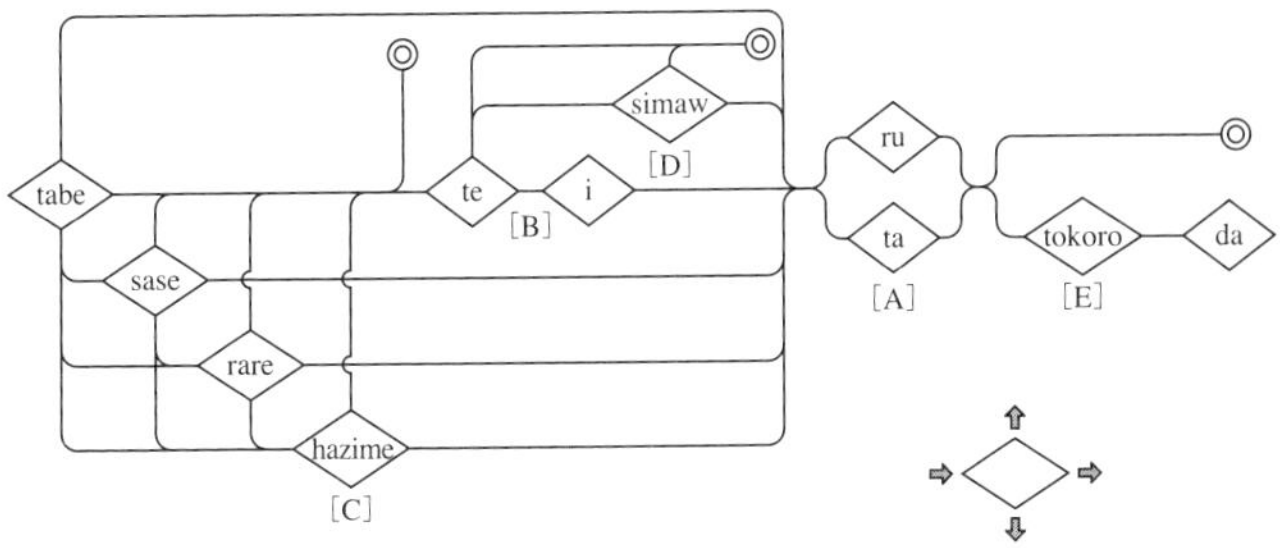

[A]: yoo, taro, reba, tara; ro.
[B]: tei（ru, ta と共にアスペクト語尾をなす）
[C]: kaku, kake, das, cukus, kir, age, owar, yam, cuzuke, nagas, toos, etc.
[D]: ok, ik, ju, ar.
◎ 行き止まり

また中にはほとんど用いられない組合わせがあるかもしれないが、その詳細は形態論にゆずり、今は屈折体系の概略を示しえたことで満足しなければならない。

流れは左端の語幹から始まり、菱形の左角は流れがはいるのみで、上・下・右の角からは流れが出て行くのみである。二重丸は行き止まりを示す。nakによる否定形は形容詞の体系にゆずり、ここでは示さなかった。語尾の位置によってAからEまでの5つのグループが生じる。Bグループは「te(i)」一つだけからなる。各グループの交替形は図の下に示されている。Aグループの交替形が選ばれるとEグループは接続しなくなる。

あとがきに代えて

――私が言語学の道に入るまで――

いま、言語学徒としての生涯を終わろうとするに際して、このような人間がどのように教育されて来たかを語り残して、みなさんのご参考に供したいと思います。これは同時に私を育ててくださった諸先生方への感謝の言葉でもあります。

私の生涯には三人の恩師があります。旧制中学時代の岩本義雄先生、旧制山口高校時代の田中美輝夫先生、東京大学時代の服部四郎先生です。どの御一人が欠けても今の私はありません。御三方はすでに他界されていますが、お亡くなりになる直前にお会いして最後のご挨拶を申し上げることができたのがせめてもの慰めです。

旧制宇部中学校時代

私が旧制中学四年生の時の八月に日米戦争が終わりました。それまでは学徒動員で勉強どころではなく、生きているのがやっとでした。海軍工廠で特殊潜航艇の製作に明け暮れていました。九月から本格的な勉強が始まりました。戦後はアメリカ文化が奔流のように日本の巷《ちまた》に流れ込み、これからは英語だとみんな張り切っていました。何人かの英語の先生の中で岩本先生は教育の厳しさ、発音が本物であることで別格でした。アメリカの大学を出られたという噂で、発音はニュース映画でよく耳にしていたトルーマン(Truman)大統領の発音とそっくりでした。アメリカ英語特有の r の中舌面を盛り上げる発音もお手本を示されました。同級生はそんな発音なんてできるわけがないとはなから投げていましたが、私は繰り返し練習して、ついに発音できるようになりました。話は前後しますが、のちに東京大学の言語学科に入学して、服部先生の音声学の授業にも出たのですが、先生ご自身が執筆された『音声学』(岩波全書)をテキストにして、発音訓練も厳しくされました。その服部先生がこのアメリカ特有の r は実は聴いたことがないと言われるのです。それで私に見本を発音してみせるように言われたのでした。私がその発音ができることをどうしてご存じなのか、それが不思議でした。多分、岩本先生のご指導のおかげもあって、何かの演習の時間にテキストを読むときに無意識に発音したのでしょう。これもまたのちの話になりますが、アメリカに居たとき「お前はどこで英語を学んだのか」と聞かれることがありました。その裏には日本ではないはずだという含みが感じられますが、私は胸を張って In Japan! と答えることにしていました。

岩本先生は英語そのものの訓練も厳しかったです。毎回、時間の最初の十五分を割いて、前回に学んだいろいろな言い方を使わないと答えられないような日本文を言って、空で英語に直させられるのです。いわゆる口頭作文です。岩本先生は特に熱心な生徒を選んで、課外授業をやってくださいました。その教材をガリ版で切るのは私の役目でした。教材は少し高級で、Bernard Shaw の *Man and Superman* からの抜粋などが記憶に残っています。私たちは世間知らずで、それに対して何もお礼もせずに卒業しました。のちに東大から博士号を授かり、教授になったとき、大変喜んでくださり、革装丁のルーズリーフ・バインダーを贈ってくださいました。娘さんの手製だそうでした。

旧制山口高校時代

旧制高校は組担任制度で、我々文科甲類(英語が第一外国語、中国語が第二外国語)は田中美輝夫先生でした。まだ若くて、ロイド眼鏡をかけた紳士、東大英文科卒で、専門は英語学、指導教授は市河三喜氏でした。これは私にとって願ってもない環境でした。当時市河教授はまだ現役でした。その後任に誰が選ばれるかが関心の的でしたが、田中先生などの下馬評では東京外大の佐々木達さんのようでした。しかし、それは外れました。京城帝大から中島文雄先生が来られました。国語学の時枝誠記先生も京城帝大から東大に移られました。市河先生は日本に学問的な英語学を樹立された碩学で、私は高校生時代に市河先生の名著『英文法研究』、『聖書の英語』、『英語学——研究と文献』に出会い、学問的英語研究に開眼させられました。戦争末期に郷里の宇部市は爆撃によって焼野原になりましたが、焼け跡にいち早く建てられた掘立小屋の古書店で高校生最初の夏休みにこの名著が揃って出ているのに出会い、買いました。店のおやじに「お主、ええ本ばっかり買うのう」と褒められました。

本の話になりましたので、山高の図書室のことを話しましょう。

山高では一年生は全員学生寮に住むことになっていました。図書室はそのすぐ近くにあり、自分の書庫代わりに利用している感じでした。毎日の放課後の時間は週九時間ある外国語の授業の下調べでほとんど遊ぶ暇はなく、図書室を利用する暇もそうなかったのですが、理科少年のなれの果てである私は、物理学者寺田寅彦の随筆を好んで読みました。そののち、岩波文庫で五巻ものの『寺田寅彦随筆集』が出ましたので、これでもう一度読み、その後岩波から『寅彦全集』が出ましたので、ここでもう一度読みました。さらに、お弟子さんの雪の研究で有名な中谷宇吉郎（北海道大学）の随筆の中で寅彦は始終言及されていました。宇吉郎も名随筆家で、たくさんの随筆を書いています。

寅彦については思いがけない後日譚があります。後日日英語の温度形容詞の意味を分析したことがあります（国広、一九六七：13）。その時に寺田寅彦の二か所にわたるスズシサについての考察を参考にすることができたのは寅彦の随筆を読み込んでいたおかげです。寅彦は熱い気団と冷い気団が交代して流れてくるときに感じる感覚と考えましたが、私の分析ではスズシサの前提条件として、体温が通常より高くなっている時ということを考えていたのですから、私の見方が生理学的であるのに対して、寺田寅彦の見方が物理学的であったという違いがあるだけで、両者は同じ条件に着目していたと言ってよいでしょう。

それで思い出すのですが、ある時私の経験の範囲内で、世界で一番スズシイところはどこだろうと考えました。そしてハワイであろうと考えたのですが、それも地理的に正解であったといえるということです。つまりハワイのように気温が高いところで、かつ乾いた風がかなり強く吹くところである必要があるからです。私は一九七〇年に夏から年末にかけてホノルルのマキキという地域に住んでいました。そのあたりでは日中の気温は二十七度前後で、街のうしろの山脈を強い貿易風が絶えず吹き下ろすところなのです。山裾のアパートに住んでいましたが、冷房機は付いておらず、窓の一部はガラスの鎧戸《よろいど》になっていて、適当に閉めないと涼し過ぎるほどでした。このような涼しいところでこそ、コカ・コーラはその爽やかさを発揮するのだなということも発見しました。

図書室のある昼下がりのことです。たまたま誰もいませんでした。わたしは廊下の突当りにある「教官閲覧室」の中にそっと入ってみました。誰もいませんでした。部屋の中央にたけの高い小さなガラス戸付きの本箱が立ててありました。その中の一冊を取り出して開けて見てびっくりしました。

小さなアルファベットでぎっしり埋まっていましたが、その文字の中にはその時まで見たこともない形の文字らしい符号が混じっていて、何語であるのかさえ分かりませんでした。これは私の生涯のうちでもっとも強い心的衝撃を受けた瞬間でした。文字通り眼がクラクラっとしました。そのころまでには、世界にどんなものがあるかは大体分かっているつもりでした。しかし、そこにあるきらめく文字の世界は私の想像を絶するものでした。このように完成された不可解な文字の世界が現にあることに、私はまだ知らなかった素晴らしい人間世界の存在を知って、崇拝の念さえ持ちました。それは大判十二冊からなる *The Oxford English Dictionary*（OED）特別装幀版だったのです。そして、その奇妙な文字は「ルーン文字」（Runic alphabet）だったのです。

見出し語のすぐ次は語源欄で、英語の前史に繋がる奇妙な言語の見たこともない文字が詰まっていました。後年、その普及版を自分の書斎に備えることができ、やっと心が落ち着きました。その年の夏休みの宿題として、田中先生は「英語前置詞 FOR の研究」というテーマを出されました。私は OED を開けて一生懸命に勉強して一冊のノートをつぶしてレポートを書きました。そのテーマが市河三喜さんの卒論（東京大学図書館所収）のテーマと同じであることはもちろんご承知の上のことであったことでしょう。

■田中美輝夫先生の英語の授業と POD

旧制高校の英語の授業は二手に分かれます。教師が自分で原文を朗読して訳し、説明するタイプと生徒に当てて朗読させ訳させるタイプです。当てて訳させるタイプが時間は食いますが、絶対に力が付きます。田中先生は当てて油を搾るタイプの急先鋒でした。英和辞典からいい加減に訳語を拾ってきて済ませると、徹底的に追及されます。随分時間が経つまで、これが英和辞典など使うなというサインであることに気づきませんでした。英英辞典を使わなければ駄目なのです。先生はいつでも独特の形の *The Pocket Oxford Dictionary*（通称「ピーオーディー」POD）を持ってこられました。そして、生徒が先生の追求にお手上げになると、おもむろに POD を開いてその語釈を綺麗な活字体で黒板に書いて問題を解決されるというのが、毎度のことでした。あとで気がついたのですが、毎回生徒を絞る個所を決めておいて絞るのを楽しみにしておられたようです。つまり、どの英和辞典でも解決しない個所をあらかじめ調べておかれるのです。これは教師の立場からは楽しみなものであることが、私も実体験からよく分かります。たとえば strive という動詞があります。『リーダーズ英和辞典』（第二版）（研究社）は随分厚い辞典ですけれども、「努力する」としか書いていません。POD の初期の版には Try hard と書いてあるのです。「懸命に努力する」と答えなければ駄目なのです。

のちに『プログレッシブ英和中辞典』（小学館）を出版したとき、strive に「懸命に試みる、やっきになる」という訳語を入れるのを忘れませんでした。私の手元にある POD（第九版）（二〇〇一）では、make great efforts となっていて、努力の程度が高いことがいっそう明らかになっています。

あるとき、ある生徒が scarlet を「緋色」と訳すと、田中先生はすかさず「緋色とはどんな色かね？」という質問しました。意味も分からずに辞書の訳語を繰り返しただけだったので、その生徒は返答に窮していました。実物が分からないで訳しても意味がないことを教えられたのです。田中先生はおもむろに POD を開いて、scarlet の説明を黒板に書かれました。

Brilliant red colour inclining to orange
（オレンジがかった明るい赤）

こういうことが度重なって以来、テキストの下読みにひどく時間を食うようになりました。こうして私は辞書の世界へ引き込まれると同時に、言葉の意味というものに関心を持つようになり、現在見られるように、意味論を中心とした言語学の世界に引き込まれていったのです。日本語を学ぶ外国人のために、日本語版の POD を作るのが念願だったのでしたが、もう時間切れです。

■ POD の特色

高等学校に入って初めて知ったこの小さな英英辞典は非常にユニークな辞典で、外国人にとって珠玉のような記述に満ちています。まず意味の説明がきめ細かくてよく分かるということがあります。scarlet の語釈の中の inclining to orange というのが適切で分かりやすい表現だと思います。それも心理のひだに細かく入り込んでくるようなところがあります。

veritable を『リーダーズ英和辞典』で見ますと《本当の、真実の、全くの、文字通りの、紛れもない》とあります。これでもいいのですが、POD を見ますと、もう一段深いところまで突っ込んでいて、「なるほど」と思わせられます。

Deserving the name apart from all exaggeration
（そう呼べば大変な誇張であることは確かであるけれども、それでもこう呼びたくなるほど）

このように説明されています。実例を挙げましょう。

(1) This encyclopedia is a *veritable* treasure house of knowledge.（この百科事典は知識の真の宝庫である。）

(2) When Katrina hit at the end of August, the Gulf of Mexico was a *veritable* hurricane refueling station——(*TIME*, Oct. 3, 2005.)（ハリケーン・「カトリーナ」が八月末に襲来したとき、メキシコ湾はまさにガソリン補給所そのものであった。）

もう一つ例を挙げましょう。動植物の名前の項で、しばしば一般にどういう点に注意されているかが、詳しく記述してあります。有名な dog の項です。

(3) noted for serviceableness to man in hunting, shepherding, guarding, & companionship, & for antipathy to cats（狩猟・牧羊・番犬・友として人間を助けてくれ、ネコと仲が悪いことで知られる）

では、poplar（ポプラの樹）はどうでしょうか。

(4) Kinds of tree noted for tallness, slenderness, straightness, tremulus leaves.
（たけが高く、幹が細くまっすぐで、葉っぱがひらひら震えているのが特徴）

ポプラは葉の面とぺちゃんこの葉柄が十文字に交差して、すこしの風にも細く揺れます。この定義ではそこにも注目していることが分かります。

■田中先生の御宅訪問

山口高校のあった山口市は小さな街で、先生方は全員歩いて通えるところに住んでおられたと思います。教師と生徒が学外でも交流でき、教育のあり方として一つの理想形でした。クラスの級友もそれぞれ好みの先生と交流があったようですが、私も放課後田中先生の御宅を訪問しました。

事前に許可をもらうということもなく、招かれもしないのに、突然押しかけるのですから、先生もご迷惑だっただろうと思います。別に尋ねたい用件があるわけでもなく、何となくおしゃべりをしに行ったものです。先生の奥様も新制高校の英語の先生でしたが、いつもお留守でした。先生ご自身で紅茶をご馳走してくださいました。そこで私はいろいろと貴重な教えを受けました。

ある時、H. C. Wyld の *The Universal Dictionary of the English Language* を持ち出されて、英英辞典の選び方の講釈を受けました。大型なので、教室に持って来られるわけに行きませんので、お宅はいい機会でした。

先生は「わっしは英英辞典を選ぶときは twitter の項を見ることにしている」とおっしゃいました。これは燕などの囀りを意味する動詞です。その説明の中に intermittent という形容詞がなかったら落第だというのです。これは「ち、ち、ち、ち、ち」という断続音を指します。「intermittent という単語を知ってるかね？」と聞かれたのですが、私は知りませんでした。そのあとも気をつけていましたが、この形容詞を使った英英辞典はついに見つかりませんでした。

私はこの形容詞には特別の感慨があり、出会うたびにこの時のことを思い出します。そのあと、アメリカにいるときに、ラジオの天気予報でよく intermittent rain showers という言葉を耳にしました。このWyldの辞書は特に語源が優れており、その後、私も購入しました。

ある時、「英語の童話を読んでいると、春先になるとキツネが里に出てきて鶏を襲う話が多いけれども、なぜ春先なのかと疑問に思ってね」と話が始まりました。「それで、*Nelson's Encyclopaedia* を引いてみたら分かったね」ということでした。キツネは春先に仔を生むので、その餌が要るというのが理由であったのです。私も同じポケット版の百科事典が欲しくなって、次の機会に古本屋で見つかったときに買い込みました。昔たくさん輸入されたものと見えます。

私は山口高校に在学中休暇で帰省する度に田中先生の御宅を訪ねて、書庫に入って読みたい本を風呂敷にひと包みほど借りて帰ることにしていました。しまいには「わっしが読んでいない本まで持って行く」と言われました。本当に世間知らずで、休暇が終わって本を返しに行くときに、お礼の手土産も差し出さなかった非礼を深く恥じています。

■東京大学時代

一九五〇年の四月に東京大学の言語学科に入学しました。高校時代に建てた方針に従って、言語学関係の講義には学科を問わず出ることにしました。ただし、主任の服部四郎先生は六月から一年間アメリカのミシガン大学に「アルタイ諸語・日本語研究・上級日本語」の講義のために渡米されました。言語学科以外の学科の講義では次のようなものを聴講しました。講義名は先生ごとに数年分をまとめています。記憶に頼っていますので、正確でないところもあります。

英語学：中島文雄教授：「英語学概論」。「英語発音の歴史」。「十七世紀の英語」。「Chaucer の英語」。「古英語」。

佐々木達講師：「イエスペルセンの英文法」。

岩崎民平講師：「英語購読」。英語の発音は見事なイギリス英語でした。英語の発音と言えば、ギリシャ語を講じられた神田盾夫講師の Oxford 大学仕込みの発音も見事なものでした。

国語学：時枝誠記教授：「国語学概説」。同じ名前の講義に毎年出ました。中身は違っていました。ある年はソシュール理論の問題をフランス語の原文を引いてされました。

金田一春彦講師：「国語諸方言の研究」。
中田祝夫講師：「訓点資料解説」。暑い季節には頭からタラタラ流れる汗を拭きながら風呂敷にたくさんの巻物を包んで教室に見えました。
中国語学：藤堂明保講師：「中国語の表現研究」。手元に何の資料も残っていませんので、タイトルは違っているかも知れません。内容は漢字の歴史です。これはのちに『漢字語源辞典』(學燈社、昭和四十年)として出版された研究に繋がるものと理解しています。内容の斬新さにびっくりしたことを覚えています。
中国語購読：魚返《おがえり》善雄講師：中国語初級の購読。教卓の真ん前に座って漢字の読みを注音符号で書き込んでいましたら、それはやめなさいと注意されました。しかし、それで私が初心者ではないと分かったのでしょう。授業のあと、地下の「メトロ」喫茶に誘われました。旧制山口高校では漢詩をすべて現代音で読み下しながら意味を読み取っていく方法で教えられましたと話したら、京都学派はそういうやり方をしますねというふうに話が弾みました。たしかに山高の高倉先生は京大出身で、吉川幸次郎さんと友達でした。そして最後に、「学生は海の物とも山の物とも分かりませんからねえ」としみじみ言われました。東大を卒業してからも随筆集などを送っていただきました。

一九五一年の秋から服部先生の演習が始まりました。教材はアメリカ構造言語学でした。

(1) Bernard Bloch & George L. Trager, *Outline of Linguistic Analysis*, 1942.
(2) Bernard Bloch, *A Set of Postulates for Phonemic Analysis*, 1948.
(3) Bernard Bloch, *Studies in Colloquial Japanese IV. Phonemics*, 1950.

服部先生の演習で学んだもっとも大きなことは徹底的に批判的に読むということです。たとえばBloch（ブロック）は[s:teru]と[isso:]に現れる二種類の長い[s]発音の仕方を同じに扱っているが、発音の仕方は異なるので、一緒に扱ってはいけない、というようなことです。

この年の秋から翌年の春まで、私は体調を崩して帰郷し、療養に専念しました。つまり実質的に留年したわけです。これは普通に考えれば私にとってマイナスですが、実はそうではなかったのです。「禍福はあざなえる縄の如し」と言いますが、これで私は翌一九五三年三月に出た日本言語学会の機関紙『言語研究』22/23号に発表された服部先生の「意味に関する一考察」に出会い、いろいろと疑問点を尋ねに行ったりして、意味論の世界に引きずりこまれることになるのです。

もし私が元気だったら、意味論で卒論を書くようになる余裕はなく、何か別のテーマで書いていたでしょう。私は中学生の頃から聴診器ですぐ分かるくらいに胸をやられていたのです。そのために戦争中に陸軍の「特別幹部候補生」を受験してもはねられ、今もこの世に生き永らえています。

■ 卒業論文

A Study of Signememes of Verbs in W. S. Maugham's Plays.

A Thesis Presented to the Faculty of the Department of Linguistics, the University of Tokyo.

In Partial Fulfilment of the Requirements for the Degree Bachelor of Arts.

By Tetsuya Kunihiro, December 1953. 137 pages.

用語は英語。題目の和訳：W. S. モームの戯曲における動詞の意義素の研究。

一九五三年一二月二五日提出。

タイトルは正確には「時制の意義素研究」です。「意義素」は新造語なので、英語はなく、

signemeは国広による新造語。現在はsememeを用いています。

英語の時制には「現在、過去、完了、進行」がありますが、その意義素を抽出しようとしたものです。特に注目すべきは、現在時制です。従来は「現在、確実未来、一般的真理」などと説明されていましたが、意義素としては、《事実を述べるだけであって、時間については何も語らない》(Fact which is neutral as to the time distinction)を示すと仮定しました。それまでは「現在形」は《現在》を指すと簡単に考えられていましたが、これでは'The sun rises in the east.'という一般真理の説明が難しくなります。「時間については何も語らない」としておいて、あとは文脈から与えられると考えることにしました。当時はそこまでしか分かりませんでしたが、今ではもっとはっきりしていて、時制の文脈的意味は、現実の発話の中で用いられる場合は、ダイクシス(deixis)効果によって時間表現の基準は発話時、空間的表現の基準は話者のいる位置という意味要素が加えられる、と考えています。簡単には「発話基準性が与えられる」ということです。この意味的な性質が与えられるのは動詞に限りません。名詞にも与えられます。「いま」は「いつ」かというと、「いま」と言った時点ですし、「ここ」はどこかというと、話し手が「ここ」と言った時にいた場所であるということです。

従来は意味論でも、辞書の意味記述でもこの「発話基準性」が全く利用されていませんでした。言語学関係の辞典類では『新英語学辞典』(研究社)のように項目を立てて詳しく説明しているものもありますが、詳し過ぎてかえって分かりにくくなっているようです。本書では「指示詞」や「ル・タ・テイル」の章で活用しています。私見によれば、この三つの助動詞は基本的にはテンスを表わしているのではなく、アスペクトだけを表わす語であるということです。それが現実の発話で用いられるとダイクシス効果によって、発話時、過去などのテンスを意味するようになるのです。ル形は場合によって「確実未来、決意」などを指すことがありますが、それは場面・文脈の影響によるものです。

以上でお分かりのように、私が卒論で捉えた意義素論の考え方は、現在にまで及んでいます。よく言われるのですが、われわれ研究者の物の考え方は結局卒論の域をあまり出ないというのは真理のようです。

卒論から十年ばかりたったとき、「英語 number の意義素」(『言語研究』第四五号、一九六四)という論文を書きましたが、これはテンスの研究と同じ考え方によるものです。英語の名詞には単数と複数の区別があります。そして単数は《一つ》を表わすと言われてきました。しかし、それは正確な観察ではありません。いわゆる物質名詞 'air, water, flour' などは数えることはできません。逆に 'people' は単数形でも意味は複数の人を指します。こういう矛盾があるのに、人々は無視してきました。これはやはり学問的には許されません。私の上記の論文の主旨は、単数形は《数に関しては何も表わさない》ことを言うためだったのです。複数形は《複数性》を表します。名詞の場合は語の語義的な性質の中に「数えられる、数えられない」という捉え方が含まれているので、「数については何も表わさない単数形ではその数的捉えられ方がときに表面化する、というわけです。日本語のように名詞が形の上で単複の区別を表わさない言語ではそれを補うために助数詞が発達しているわけです。

今、卒論を読み返してみますと、用例が少なくて結論が出せないと言っているところがたくさんあります。ほかの研究者の研究ばかり読まないで、自分で材料を集めると、十分に説明できていない現象がいろいろあることが分かってきます。しかし私にはもう時間がありません。反面教師にはなるかもしれない私の生涯を振り返ってみました。ご参考になることがありましたら、嬉しく思います。

Schank, R. and Abelson, R. (1977) *Scripts, Plans, Goals and Understanding*. Lawrence Erlbaum, Hillsdale, N. J.

服部四郎・大野　晋・阪倉篤義・松村　明（1979）『日本の言語学　第四巻　文法 II』大修館書店。

前田正人（2003）『改訂増補　国語音韻論の構想』研究叢書、和泉書院。

松村　明（1957）『江戸語東京語の研究』東京堂出版。

松村　明編（2006）『大辞林』第 3 版、三省堂。

丸山圭三郎（1981）『ソシュールの思想』岩波書店。

丸山圭三郎（1983）『ソシュールを読む』岩波セミナーブックス 2、岩波書店。

丸山圭三郎編（1985）『ソシュール小事典』大修館書店。

三尾　砂（1978）「文の類型」、『日本の言語学　第三巻　文法 I』大修館書店。

ミラー、R. A. 編・林　栄一監訳（Miller, R. A.）（1975）『ブロック日本語論考』研究社。

茂木健一郎（2006）『ひらめき脳』新潮新書。

森田良行（1989）『基礎日本語辞典』角川書店。

山口明穂（2000）『日本語を考える――移りかわる言葉の機構』東京大学出版会。

山口明穂（2004）『日本語の論理――言葉に現れる思想』大修館書店。

山梨正明（2000）『認知言語学原理』くろしお出版。

渡辺　慧（1978）『認識とパタン』岩波新書。


Emmorey, Karen（2002）*Language, Cognition, and the Brain: Insights From Sign Language Research*. Lawrence Erlbaum Associates, Publishers.

Goldberg, Elkonon（2005）*The Wisdom Paradox*. 藤井留美訳『老いて賢くなる脳』日本放送出版会、2006。

Ramachandran, V. S. and Sandra Blakeslee（1998）*Phantoms in the Brain: Probing the Mysteries of the Human Mind*. 山下篤子訳『脳のなかの幽霊』角川書店、1999。

Ramachandran, V. S.（2003）*The Emerging Mind*. 山下篤子訳『脳のなかの幽霊、ふたたび』角川書店、2005。

Ramachandran, V. S.（2011）*The Tell-Tale Brain: A Neuroscientist's Quest for What Makes Us Human*. 山下篤子訳『脳のなかの天使』角川書店、2013。

見坊豪紀ほか編(2008)『三省堂国語辞典』第 6 版、三省堂。

小谷野敦(2014)『頭の悪い日本語』新潮新書。

近藤安月子・姫野伴子編著(2012)『日本語文法の論点 43』研究社。

篠木れい子(1989)『氏家町史　民俗編』。氏家町史作成委員会編、第五章　くらしと言語　第三節　方言、pp. 575–684。

篠木れい子(2006)「語彙(理論・現代)」『日本語の研究』第 2 巻 3 号。

柴田　武(1976)「世界の中の日本語」、『岩波講座日本語 1　日本語と国語学』岩波書店。

杉浦滋子(2006)「日本語諸方言に見る終助詞ガの形式上・機能上の差異」、『麗澤大学大学院言語教育研究科論集』『言語と文明』第 4 巻。

田中章夫(2002)「語彙研究の諸相」、『朝倉日本語講座 4　語彙・意味』朝倉書店。

津田智史(2011)「ル形との対比からみたテイル形の基本的な意味」、『言語科学論集』第 15 号、東北大学大学院文学研究科言語科学専攻。

傳田光洋(2005)『皮膚は考える』岩波科学ライブラリー 112、岩波書店。

傳田光洋(2009)『賢い皮膚——思考する最大の〈臓器〉』ちくま新書、筑摩書房。

西尾実・岩淵悦太郎・水谷静夫編(2011)『岩波国語辞典』第 7 版新版、岩波書店。

服部四郎(1951a)『音韻論と正書法』研究社。のちに新版: 服部四郎『音韻論と正書法』として大修館書店から再刊。

服部四郎(1951b)『音声学』岩波全書、岩波書店。

服部四郎(1968)『英語基礎語彙の研究』ELEC 言語叢書、三省堂。

福岡伸一(2009)『世界は分けてもわからない』講談社現代新書。

福田嘉一郎(2001)「「タ」の研究史と問題点」、『月刊言語』12 月号、pp. 32–39、大修館書店。

堀川智也(1988)『日本語格助詞の意義素試論』東京大学大学院言語学科修士論文。

堀口和吉(1978)「指示語の表現性」、『日本語・日本文化』8、大阪外国語大学。金水　敏・田窪行則編(2010)に再録。

ポリワーノフ, E. D.、村山七郎編訳(1976)『日本語研究』弘文堂。

国広哲弥(1967) 『構造的意味論』ELEC 言語叢書、三省堂。

国広哲弥(1970) 『意味の諸相』ELEC 言語叢書、三省堂。

国広哲弥(1977) 「日本人の言語行動と非言語行動」、『岩波講座日本語 2 言語生活』、岩波書店。

国広哲弥(1982a) 『意味論の方法』大修館書店。

国広哲弥(1982b) 「人称の体系」、『東京大学言語学演習 '82』東京大学文学部言語学研究室。

国広哲弥(1982c) 「日本語・英語のテンス・アスペクト」、『講座日本語学 11、外国語との対照 II』明治書院。

国広哲弥(1985a) 「認知と言語表現」、『言語研究』第 88 号、日本言語学会。

国広哲弥(1985b) 「言語と概念」、『東京大学言語学論集 '85』東京大学文学部言語学研究室。

国広哲弥(1986) 「語義研究の問題点——多義語を中心として」、『日本語学』9 月号、明治書院。

国広哲弥(1987) 「アスペクト辞「テイル」の機能」、『東京大学言語学論集 '87』東京大学文学部言語学研究室。

国広哲弥(1991) 『日本語誤用・慣用小辞典』講談社現代新書。

国広哲弥(1994) 「認知的多義論——現象素の提唱——」、『言語研究』第 106 号、日本言語学会。

国広哲弥(2002) 「助詞「が」の本質的機能——認知的意味論の立場から」、『日本エドワード・サピア協会研究年報』第 16 号、日本エドワード・サピア協会。

国広哲弥(2005) 「アスペクト認知と語義——日本語の様態副詞と結果副詞を中心として」、武内道子編『副詞的表現を中心として——副詞的表現をめぐって——対照研究』ひつじ書房。

国広哲弥(2006a) 『日本語の多義動詞——理想の国語辞典 II』大修館書店。

国広哲弥(2006b) 「ソシュール構造主義は成立しない」、『日本エドワード・サピア協会研究年報』第 20 号、日本エドワード・サピア協会。

国広哲弥(2010) 『新編：日本語誤用・慣用小辞典』講談社現代新書。

久野　暲(1973) 『日本文法研究』大修館書店。

グロース、ノーラ・E. (Nora E. Groce) (1985) 『みんなが手話で話した島』、佐野正信訳、築地書館、1991。

参考文献

池谷裕二(2007)『進化しすぎた脳——中高生と語る[大脳生理学]の最前線』ブルーバックス、講談社。

池谷裕二(2009)『単純な脳、複雑な「私」』ブルーバックス、講談社。

市河三喜・服部四郎共編(1955)『世界言語概説(下巻)』研究社。

大塚高信・中島文雄監修(1982)『新英語学辞典』研究社。

岡田英俊(1987)「日本語の自動詞・他動詞の音韻分析」、『東京大学言語学論集　'87』(pp. 63–78)、1987年12月)、東京大学文学部言語学研究室。

大野　晋(1978)『日本語の文法を考える』岩波新書。

大野　晋(1999)『日本語練習帳』岩波新書。

沖森卓也・木村義之・田中牧郎・陳　力衛・前田直子著(2011)『図解日本の語彙』三省堂。

奥津敬一郎(1978)『「ボクハ　ウナギダ」の文法——ダとノ——』くろしお出版。

加藤彰彦・佐治圭三・森田良行編(1989)『日本語概説』桜風社。

菊地康人(1997)「『が』の用法の概観」、川端善明・仁田義雄編『日本語文法　体系と方法』、ひつじ書房
北原保雄編(2010)『明鏡国語辞典』第2版、大修館書店。

清瀬義三郎則府(2013)『日本語文法体系新論』ひつじ書房。

金水　敏・田窪行則編(1992)『指示詞』日本語研究資料集、ひつじ書房。

金田一春彦(1950)「国語動詞の一分類」、『言語研究』第15号、日本言語学会。川本茂雄・国広哲弥・林　大　編(1979)『日本の言語学　第五巻　意味・語彙』大修館書店、pp. 295–318に再録。

金田一春彦(1955)　市河・服部共編『世界言語概説　下巻』(研究社)中の「日本語」。

国広哲弥(1965)「日英温度形容詞の意義素の構造と体系」、『国語学』第60集、国語学会。

【ま行】

【や行】

【ら行】

【な行】

【は行】

索　引

※1　数字はページ番号を示します。
※2　項目は五十音→アルファベットの順番で並んでいます。
※3　「　」は用例を、『　』は書名や雑誌名を示します。

日本語学《にほんごがく》を斬《き》る

● 2015 年 1 月 30 日　初版発行●

●著　者●

国広　哲弥

●発行者●

関戸　雅男

●発行所●

株式会社　研究社

〒 102-8152　東京都千代田区富士見 2-11-3

電話　営業 03-3288-7777（代）　編集 03-3288-7711（代）

振替 00150-9-26710

http://www.kenkyusha.co.jp/

KENKYUSHA

〈検印省略〉

●印刷所・本文レイアウト●

研究社印刷株式会社

●装丁●

寺澤　彰二

ISBN 978-4-327-38469-2　C3081　Printed in Japan